Ein kleiner Ring
Begrenzt unser Leben
Und viele Geschlechter
Reihen sich dauernd
An ihres Daseins
Unendliche Kette.

Johann Wolfgang von Goethe

Nimm dir jeden Tag Zeit, still zu sitzen und auf die Dinge zu lauschen.
Achte auf die Melodie des Lebens, die in dir schwingt.

Buddha

1

Gisela Urban

Wie alles so war

Eine Zusammenstellung von
Angelica Ammar

22.12.1917 – 24.09.2008
Immer in unserem Herzen

Die folgenden Aufzeichnungen wurden von Ama in den 80er Jahren während der Aufenthalte in Kampen mit ihrer gestochenen Schrift in einem Spiralblock gemacht, offensichtlich in dem Bedürfnis, bestimmte Erinnerungen für sich und ihre Familie festzuhalten. Außerdem fand sich unter ihren Papieren ein kleines Büchlein, in dem sie zu Weihnachten 1938 für ihren frisch angetrauten Ehemann die Geschichte ihres Kennenlernens festgehalten hat. Aus allen Texten spricht eine unverblümte Direktheit, Beobachtungsgabe und ein Gefühl für Situationen, die sie auch über das familiäre Interesse hinaus lesenswert macht. Und wer Gisela gekannt hat, wird an der einen oder anderen Stelle sicherlich schmunzeln und sie vor sich sehen, wie sie mit warmer Stimme, eine Zigarette in der Hand, von ihrem bewegten Leben erzählte.

Mai 1983 Kampen

Worms 1

Wie geht's denn unserm lieben Heimatstädtsche fragte mich das Kurtsche in seinem letzten Brief. Es war schon gegen Ende des Krieges, er stand an der Ostfront als Flakmajor, ich war in Berlin verheiratet. Kurze Zeit später war er gefallen.
Aber wenn ich heute an Worms zurückdenke, so fällt mir immer das Heimatstädtsche ein. Es war sehr schön in Worms geboren zu sein, in einem glücklichen Elternhaus aufzuwachsen in eine schöne Schule zu gehen kurzum und wenigen Ausnahmen einfach glücklich zu sein.
Und meine Eltern lebten gern da, wenngleich auch meine Mutter den

WORMS

Wie geht's denn unserem lieben Heimatstädtsche, fragte mich das
Kurtsche in seinem letzten Brief. Es war schon gegen Ende des

Krieges, er stand an der Ostfront als Flakmajor, ich war in Berlin verheiratet. Kurze Zeit später war er gefallen!

Aber wenn ich heute an Worms zurückdenke, so fällt mir immer das Heimatstädtsche ein. Es war sehr schön, in Worms geboren zu sein, in einem glücklichen Elternhaus aufzuwachsen, in eine schöne Schule zu gehen, kurzum, mit wenigen Ausnahmen einfach glücklich zu sein.
Auch meine Eltern lebten gern da, wenngleich auch meine Mutter den Wald vermisste und die gute Giessener Luft entbehrte. Mein Vater kam schon als Referendar an das Gymnasium, er hatte ihm liebgewordene Kollegen und so blieb er da.
Meine Klassenkameradinnen und ich waren stolz darauf, hier zu leben, die Nibelungenstadt, der Rhein, hier stand Martin Luther vor dem Reichstag. Wenn auch die alte Stadt 1689 von dem französischen General Mélac völlig zerstört worden war, und in meine Kindheit die französische Besatzung fiel. Wir sind geschichtsbewusst erzogen, immer prodeutsch und antifranzösisch. An den Wachtürmen der Rheinbrücke standen Algerier mit roten Fezen und den Gestank beim Treppen hinunter gehen habe ich noch heute in der Nase. Umso verwunderlicher ist es, dass ich schon als junges Mädchen eine große Zuneigung zum nachbarlichen Frankreich hatte. Am 1. Juni 1930 war dann die Rheinlandbefreiung, die Schilder ‚VERS MAYENCE' wurden entfernt, und von der Kaserne war kein Zapfenstreich mehr zu hören. Die Wormser konnten zu der Melodie nicht mehr den respektlosen Text singen:
Gebt dem Kind sei Nuddelche, gebt dem Kind sei Fläschje, gebt dem Kind sei Nuddelche, gebt dem Kind sei Flasch, aber rasch, aber rasch, aber rasch.

Wir wohnten in der Dalbergstraße ruhig und in der besten Gegend, darauf legte meine Mutter den größten Wert. Fünf große Zimmer in einem stattlichen Haus, 105 Mark Miete im Monat war schon sehr viel für die damalige Zeit. Aber meine Mutter schaffte es immer wieder, mit ihrem Geld auszukommen, was gar nicht leicht war, als mein Bruder und ich heranwuchsen.

Mein Vater wollte mit dem Geld nichts zu tun haben, seine Zigarren und Zeitungen, der Dämmerschoppen am Samstag mit Bundesbrüdern und Kollegen, dafür war das Geld immer da. Und brauchte ich einen neuen Mantel oder meine Mutter ein Kostüm, da gingen wir zum Goldschmidt ins Kaufhaus. Beide Brüder waren Schüler meines Vaters gewesen, und einer von ihnen stand immer an der Türe, begrüßte uns und sagte, Frau Studienrat, Sie wissen, bei uns können Sie zahlen, wann Sie wollen. Sie hatte viel zu große Angst vorm Schulden machen, aber bis am nächsten Ersten, wenn das Gehalt da war, da fand sie nichts dabei.

Jeden Tag gingen meine Eltern am Nachmittag in die Harz, immer ‚per Arm'. Als wir klein waren, hatte jedes der Eltern ein Kind an der Hand, die wir loslassen mussten, wenn der Vater den Hut zog, und das war dauernd, fast alle Leute kannten uns.

Das Gymnasium lag am Rhein und war von unserer Wohnung eine halbe Stunde zu Fuß. Ich glaube nicht, dass mein Vater auch nur einmal mit der Elektrischen gefahren wäre. Unterwegs begegneten ihm die Schülerinnen der Eleonorenschule, die ihn alle grüßten. Manchmal hatte er auch Schüler dabei. Es soll auch schon damals unpünktliche Knaben gegeben haben, die zu spät zur Schule kamen. Da gab's ein probates Mittel: Er bestellte sie um ½ 8 vor unser Haus, sie läuteten und marschierten dann gemeinsam ins Gymnasium.

Als junger Assessor trug mein Vater einen Cut, was ihm den Spitznamen ‚Schwanz' eintrug. Der Name blieb, auch als der Schwalbenschwanz schon längst aus der Mode gekommen war. Von seinen Schülern wurde er verehrt und geliebt, er duzte sie bis zum Abitur, obwohl ab Obersekunda gesiezt wurde. Am 1. Schultag ging er in die Klasse und frug:
»Soll ich nun Sie Esel oder Du Esel zu Euch sagen?«, und die Buben schrien natürlich »Du!«
Er führte gern die Klassen von Sexta bis Prima hinauf, die Schülerzahl war klein am Gymnasium, für das Gros war die Realschule da. Nach Abiturientenfeiern kam er erst, wenn's schon hell war, nach Hause, kam pfeifend die Treppe herauf, sagte zu meiner Mutter an der Tür: ‚Schatzel, ich habe einen sitzen, habe mit allen Bruderschaft getrunken.'

Ein paar Jahre gab er Nachhilfestunden, die der Haushaltskasse sehr gut taten, aber in der Wirtschaftskrise 1930 wurde das verboten. Ich erinnere mich noch gut an die Brünningsche Notverordnung, die für die Beamten so einschneidend war, das 12. Monatsgehalt wurde einfach gestrichen.
Im Vergleich zu heute waren die Weihnachtsgeschenke bescheiden, meine Mutter ließ sich vom Buchhändler vier Bücher zur Wahl geben, ich las drei davon über die Feiertage in Windeseile, die wurden dann zurückgegeben und das, was mir am besten gefiel, behielt ich. Jahrelang musste ich auf das so heißersehnte Fahrrad verzichten, und erst mit 12 Jahren war es dann so weit. Dann konnte ich endlich zum Schwimmen

an den Rhein fahren und brauchte in der Mittagsglut nicht mehr zu laufen. Im Sommer war der Rhein unser Lebenselixier. Wochenlang hatten wir hitzfrei, manchmal sogar zwei Stunden.

Wenn unser Direx, der vielgeliebte, das Schild hinhängte, hielt er sich dabei lachend die Ohren zu, denn das Gebrüll war mörderisch, das wir veranstalteten.

Meine liebe Schule war geprägt von unserem Direx Zimmer, ein toleranter, liebenswerter Pädagoge. 1949 bei der 75-Jahrfeier der Schule war er ein alter pensionierter Herr schon, aber bei seinem Erscheinen war minutenlang ein orkanartiges Beifallsklatschen zu hören, von all den altgewordenen Schülerinnen, die ihm Dank sagen wollten. Ich weiß nicht, ob es das heute noch gibt, eine öffentliche Schule mit 500 Schülerinnen, die er alle auch mit dem Vornamen kannte, über die Verhältnisse Bescheid wusste, obwohl es damals nicht üblich war, Lehrer oder Direktor in der Schule zu sprechen.

Natürlich hatten wir, wie alle Kinder dieser Welt, Lehrer, die wir mochten, für die wir schwärmten, die wir ärgerten oder die wir hassten. Schrullige Käuze wie den ‚Adam', der seinen Hut immer hinten anfasste, wenn er grüßte, damit er vorne schön bliebe, herrisch nationale Weiber wie die beiden Heilands, die von ihrem Vater noch als Studienrätinnen abhängigen Ullrichs, die ihre Korrekturen zu Hause vorlegen mussten, unser Religions- und Deutschlehrer Bingel, der uns mit Kommata triezte, auch wenn der Aufsatz noch so phantasievoll war, der Gecko, bei dem ich ein Stein im Brett hatte, Gisel genannt wurde und nie abgefragt wurde, oder des Kiefers Franz, der vom Gymnasium kam und uns wie Jungs behandelte. Im Gegensatz zum Gecko kam ich bei ihm oft dran, es freute ihn so, ‚Martinsgänsje' zu mir zu sagen, weil ich mal mit einem Walter Martin pussiert habe.

Wie der Zeppelin über Worms flog, stand der Direx auf dem Dach und schrie, damit wir alle schnell in den Schulhof rennen konnten, um das Wunder zu sehen

Respekt und dadurch Disziplin waren einfach da, wir hatten wenig Strafen. Ich erinnere mich nur an einen Arrest, weil wir einen jungen Referendar mit Fragen peinigten, den wir zum Rotwerden bringen wollten.

Nur einen Fehler hatte unsere Schule, das waren die Sprachen! Wir fingen mit Französisch an, zwei Jahre später mit Englisch, also sieben Jahre und fünf Jahre paukten wir Grammatik, die Aussprache war katastrophal, denn keiner unserer Lehrer war je in Frankreich oder England gewesen, und der ganze Unterricht langweilig und ohne Freude. So hab ich denn auch nie Hausaufgaben gemacht.

(Kampen, Mai 1983)

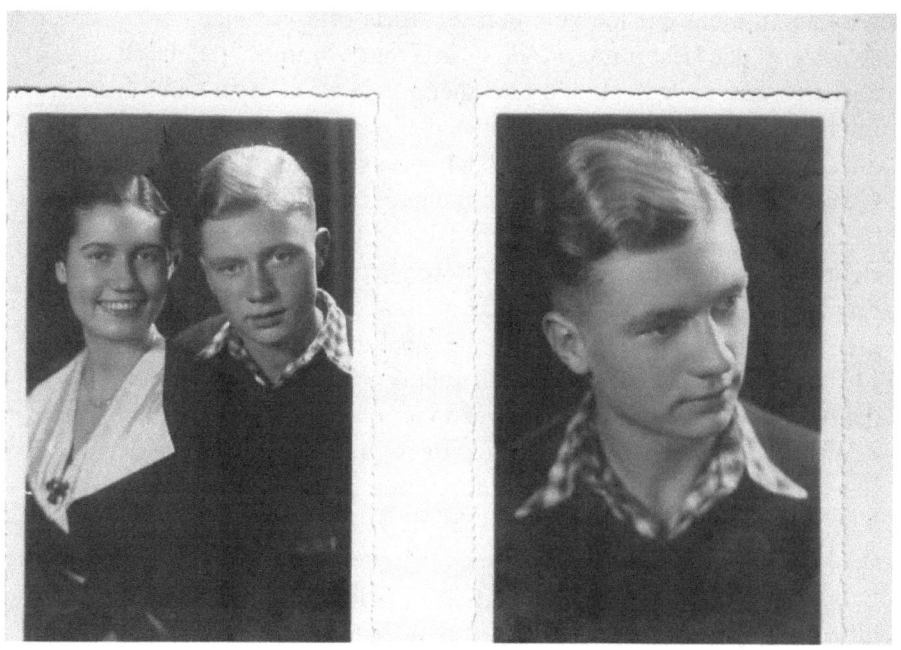

Gisela und ihr Bruder Hans Günther, gefallen 1940

Lieber Heinz!

Damit Du die Geschichte unseres Kennenlernens nicht ganz vergisst, habe ich sie Dir hier aufgeschrieben. Du bekommst sie als Brief, weil Du Dir immer einmal einen von mir gewünscht hast. Und weil man nicht nur bei einer Trennung zu schreiben braucht, erfülle ich Deinen Wunsch und lege Dir die handgeschriebenen Zeilen unter den Weihnachtsbaum.

Weißt Du noch, wie ich zu jenem 8. April kurz vor vier Uhr – schon etwas vor der bestimmten Zeit – in Dein Zimmer trat, noch etwas zaghaft zwar, aber doch auch neugierig, wie wohl mein Chef aussehe. Ich habe es Dir ja später erzählt, wie ich ihn mir vorgestellt hatte: Klein, dick, und mit 'ner Glatze, und ich muss wohl ein sehr erstauntes Gesicht gemacht haben, dass sich meine Vorstellung von Dir so wenig bewahrheitet hatte. Du hast mich dann mit Deinen großen Augen so richtig gut angeschaut, und ich wusste gleich, mit diesem Chef kannst du dich verstehen, und du wirst dir auch alle Mühe geben, damit er mit Dir recht zufrieden ist. Kaum habe ich Dir gegenüber gesessen, und Du hast mich gefragt, wie ich denn ausgerechnet auf die Idee gekommen sei, Worms mit Berlin zu vertauschen, wieso ich mir gerade den Lokalanzeiger gekauft, und mich auf diese kleine Annonce beworben habe und Du hast mich so nett gefragt, dass ich alle guten Vorsätze der Tante, Hochdeutsch zu reden und immer daran zu denken, dass ich jetzt eine untergeordnete Stellung hätte, vergessen habe und frisch von der Leber weg erzählte, dass es bei den Eltern einen Kampf von einem Jahr gekostet hat, bis sie mich nach Berlin gelassen haben, und dass ich, um einmal aus Worms herauszukommen, mir den Beruf als Stenotypistin gesucht habe.

Darüber war es schon März geworden, und ich hatte immer noch keine Stelle. Da war mein letzter Ausweg der Stellenanzeiger einer Berliner Zeitung, die ich mir eines Sonntags kaufte. Schon unterwegs fielen unter den vielen Angeboten – bei späterem Zählen waren es 99 – die großen Anzeigen, die so verlockend klangen, heraus, aber zu Hause meinte mein immer bescheidener Vater: Bleib nur mal bei den kleinen Annoncen, wer hoch steigen will, fällt am Tiefsten. Und er suchte unter denen, die so klein waren, dass er sie ohne Brille garnicht lesen konnte, und strich hin und wieder mit seinem rotem Schulblei eine geeignete Anzeige an. Unter denen habe ich dann gewählt, und an fünf Firmen, darunter auch U. + S., meine Bewerbungsschreiben losgelassen.

Da aber am Sonntag die Post nicht offen ist, um Briefmarken zu kaufen, versuchte ich es bei den Stadtautomaten, die am Sonntag Ersatz bieten sollen, ich sage sollen. Ich trabte also seelenvergnügt und mit meinen teuren Briefen dem Bahnhofsautomaten zu und war froh, dass nach Einwurf des Geldes die Briefmarken zum Vorschein kamen. Aber nach der zweiten Marke erschien das oft verwünschte Schildchen

‚leer'. Nun rannte ich zur Hauptpost, doch auch da war keine Briefmarke drin. Mit einem leisen Fluch ging es zum dritten Automaten, doch da kam mein Geld immer wieder. Auch ein neuer Versuch bei dem 4. und letzten scheiterte, der Markengeber schluckte wohl mein Geld, aber statt der ersehnten Marken kam nur mein Zweipfennigstück wieder. Ja, da war nichts zu machen, gegen solche Wormser Postverhältnisse konnt ich junges Mädchen nicht an. So konnte ich nur zwei der Briefe, die ich wahllos herausgriff, frankieren und wegschicken. Nun wartete ich.

Montag konnte ja noch keine Antworte da sein, auch Dienstag war bestimmt noch zu früh. Wie erstaunt war ich deshalb, als doch an diesem Nachmittag ein Brief mit Stempel Berlin im Kasten lag. Die Firma Urban und Schwarzenberg schrieb mir, ich solle mich vorstellen, ja Kunststück, wenn man bis 30. März Schule hat und außerdem nachmittags auf einer Bank arbeitet, um dem Pflichtjahr zu entgehen.

Ich habe mir dann gedacht, bekommen tust du die Stelle doch nicht, denn ungesehen wirst du bestimmt nicht genommen, aber antworten musst du ihnen schon.

Aber binnen vier Tagen war ich ab ersten April eingestellt, erst zwar auf acht Wochen Probe, aber immerhin konnte ich nach Berlin. Ich wagte noch nicht, mich zu freuen, zumal ich noch nicht meine Arbeitserlaubnis für Berlin hatte. Und vorher sollte ich nicht von Worms wegfahren.

So wartete ich dann, anfangs noch geduldig, aber mit jedem Tag wuchs die Unruhe, mittlerweile schrieben wir schon den 5. April, und am 6. bettelte ich bei meinem Vater, mich ohne Arbeitsgenehmigung nach Berlin fahren zu lassen. Er fand das sehr gewagt, aber schließlich war er doch einverstanden.

So saß ich am 7. April morgens um ½ 6 Uhr im D-Zug nach Berlin, mit geteilten Gefühlen freilich, aber der Zug fuhr nach dem ersehnten Berlin. Mutterseelenallein stand ich am Nachmittag im Menschengewühl am Anhalter Bahnhof. Berlin war erreicht, aber nun hieß es Kopf hoch und unverzagt.

Onkel und Tante waren überrascht und fanden es reichlich gewagt, auf gut Glück zu kommen. Ich wurde immer kleiner, und mein Herz saß schon im Absatz, wie wird das werden? Am nächsten Tag habe ich dann im Geschäft angerufen, und glaubte meinen Ohren nicht zu trauen, die Arbeitserlaubnis war an diesem Morgen eingetroffen.

Ganz so ausführlich habe ich es Dir bei meinem Eintritt nicht erzählt, aber immerhin, eine halbe Stunde war ich doch in Deinem Zimmer, und das war bei einer Vorstellung bei Dir noch nie vorgekommen, wie Frl. Leser mir fassungslos berichtete.
Es ist bei U. + S. Sitte, dass die Angestellten, die sich bewährt haben, nur durch Tod oder Arbeitsuntauglichkeit ausscheiden. Höchstens Nichtskönner geben eine kurze Gastrolle. Alles andere gehört zum eisernen Bestand.

Eine Ausnahme gibt es vielleicht, das sind die Sekretärinnen des jungen Chefs, die auch nur eine kurze Gastrolle geben. Frl. Leser ist ziemlich unglücklich darüber und aus dem jungen Chef bin ich nicht recht klug geworden, vielleicht liebt er an diesem Platz die Abwechslung, hat schon bei der Einstellung einen Blick dafür, welche bald heiratete und welche nicht, es kann auch sein, dass er ihre Schriften in punkto Heiratseignung deuten lässt, und wird sie halt auf diese Art und Weise auf das Einfachste wieder los. Zu täuschen glaube ich mich nicht.

Jedenfalls bekam auch ich von Frl. Leser eine lange Gardinenpredigt gehalten, die zu folgendem Gespräch führte:
„Ich hoffe, dass Sie mindestens fünf Jahre bei uns bleiben."
„Das will ich gern versprechen, Frl. Leser."
„Man soll so etwas nicht versprechen. Bei Ihrem Posten glaube ich an kein Versprechen. Hoffentlich heiraten Sie nicht zu schnell."
„Aber zum Heiraten muss man zu zweit sein."
„Na ist denn da gar keine Aussicht da?"
„Nein aber auch garnicht, Frl. Leser. Ich will jetzt erst einmal mein eigenes Geld verdienen und damit auskommen, freilich heiraten möchte ich auch einmal, das hat aber noch Zeit. Aber wenn ich Ihnen versprechen soll, dass ich vorerst nicht heiraten werde?"

„Nein, das wollen wir nicht tun, ich habe es auch vor zwanzig Jahren meinem Chef versprochen und sitze heute noch ohne Mann da! Aber ich mache Sie darauf aufmerksam, dass Sie auf dem Hochzeitsstuhl sitzen werden."

„Auf was für einem Stuhl?"

„Ja, wir haben den Stuhl Hochzeitsstuhl getauft, weil alle Sekretärinnen, die auf ihm saßen, für uns leider zu schnell, einen Mann gefunden haben. Sie werden ihn gleich sehen."

Es soll niemand glauben, es sei ein besonders luxuriöses Möbel dieser Hochzeitsstuhl, er ist ganz stabil gebaut, man sitzt auch ohne Kissen ganz gut auf ihm, und ich benutzte ihn zum ersten Mal am 11. April. Auf ihm gesessen habe ich ja an diesem Tag nicht viel, denn bis ich 120 Hände geschüttelt hatte und mit sämtlichen Räumen bekannt war, da wusste ich, was ich geleistet hatte.

Aber ich war guter Dinge, es gefiel mir alles ganz gut, mit Ausnahme meines Chefs, der es bei der Bewertung immerhin auf ausnehmend gut gebracht hatte. Ich schwärmte bereits offensichtlich von ihm, zwar nicht bei meinen Mitarbeiterinnen, deren Schwächen ich schon am zweiten Tage kannte, aber dafür habe ich zu Hause bei Tante Julia nicht hinterm Berg gehalten und so viel von ihm gesprochen, dass mich die gute Tante Julia warnte, weil so ein Chef kein junger Mann sei, mit dem man flirten könne, oder der sich gar heiraten ließe. Außerdem sei er bestimmt schon vergeben, und was eine erfahrene Tante ihrer jungen Nichte in solchem Falle alles noch mehr erzählt.

Vor meiner Arbeit hatte ich eigentlich überhaupt keine Angst, sogar das Wiederlesen meines Stenogramms, bei dem ich in den ersten Tagen oft zwei Kolleginnen mit Frl. Leser in Anspruch nehmen musste, ging sehr schnell besser, sodass ich schon bald die erste Abschrift abliefern konnte.

So war es Gründonnerstag geworden, der Tag, den sich meine Vorgängerin als Abschied gewählt hatte. Sie hatte das Sekretariat nach Geschäftsschluss zu Kaffee und Kuchen und gemütlichem Abschluss eingeladen. Hier geschah etwas Überraschendes: Am frühen Nachmittag stürzte Frl. Leser aus Deinem Allerheiligsten und berichtete uns: „Herr Urban hat sich selbst für nachher eingeladen.

Nein, sowas ist noch nie passiert, dass er bei einer Abschiedsfeier dabei war."

Gerda-Susan bezog das natürlich auf sich, auch sie hatte sich einmal im Stillen Hoffnungen gemacht und konnte diese Ehre kaum fassen. Später hast Du mir ja gestanden, dass Du mir doch irgendwie näher kommen musstest, und nur meinetwegen Dich selbst eingeladen hattest.

Fünf Minuten vor fünf wurde mein Schreibtisch als Kaffeetisch umgebaut, und wir waren noch garnicht ganz fertig, da kamst Du schon, unter Lachen fast. Wir schlürften dann sehr gemütlich Kaffee, dann hielt die Gastgeberin eine sehr nette Rede, bedankte sich bei jedem und wünschte mir, ihrer Nachfolgerin, alles Gute. Sie wolle keinen traurigen Abschied feiern, sondern Jubiläum, sie sei jetzt gerade 2 ½ Jahre da. Ich fand aber, dass in diesem Hause 2 ½ Jahre ein viel zu kurzer Zeitraum ist, und meinte fünf Jahre, das ginge schon eher. Du sagtest daraufhin zu mir: „Sie sind noch nicht zwei, geschweige denn fünf Jahre bei uns. Sie heiraten doch vorher."

Ich habe Dir das ganz entschieden abgestritten, denn selbst bei schärfstem Nachdenken fand sich kein für mich passender Ehepartner. Ich habe dann mit Dir gewettet, und habe verloren, denn 30 Arbeitstage bei U. + S. überzeugten mich restlos, dass Du recht hattest.

Du kamst dann auf die Idee, mich nach Hause zu bringen, was ich ja wieder sehr nett von Dir fand. Unterwegs konntest Du Dir eine Predigt in punkto junges Mädchen, allein in Berlin, Versuchung, Moral, usw. nicht verkneifen, aber ich hatte Dir damals versichert, dass ich jeden Abend um neun Uhr im Bett liege und Du hast beruhigt das Thema gewechselt. Beim Aussteigen hast Du mir nachgeschaut und gewinkt, ich wusste aber garnicht, was ich davon halten sollte.

Acht Tage später, nach Ostern, erfuhr ich, dass der Heimweg nach Westend über den Kurfürstendamm führt. Ich fand Dich jeden Tag netter, im Geschäft, aber auch privat.

Berlin-Westend, Ulmenallee 32

Und dann war der Tag des ersten Gehalts gekommen. Ich strahlte übers ganze Gesicht mit meinem vielen Geld von RM 126,02. Ich hatte mir alles schon genau eingeteilt und wollte recht sparsam sein und gut damit auskommen, denn große Sprünge machen konnte ich nicht. Ich hatte nur 20 Tage gearbeitet und ein ganzes Monatsgehalt bekommen, darüber habe ich mich am meisten gefreut. Aber darüber, dass Du mich wieder nach Hause gebracht hast? Dieses Mal führte der Weg in die Lindenallee über Potsdam, wo Du mir Deine Fahrkünste vorführtest, und den Kurfürstendamm. Ja, alle Wege führen nach Rom.

Weißt Du noch, bei einer dieser Heimfahrten fragtest Du mich, ob ich denn die Umgebung von Berlin schon kenne, das ginge am bestem mit dem Auto. Du wolltest sehr gern Fremdenführer spielen. Vor einem solchen Opfer habe ich gerne kapituliert.

Am Sonnabend, den 30. April, saß ich nachmittags im Zug nach Westkreuz. Leider kam ich zu spät, da ich erst verkehrt gefahren war.

Ja, Du hast recht, es ist nicht leicht, als Landpomeranze in die Großstadt zu kommen und dann auch gleich alles recht zu machen. An diesem Sonnabend lernte ich die halbe Mark kennen, zwar nicht so, wie wenn ich eine Omnibusrundfahrt mitgemacht hätte, denn ich kann Dir leider den Vorwurf nicht ersparen, dass Du Dein Fremdenführeramt schlecht oder sagen wir nicht besonders gut ausgeübt hast. Geübt hast Du Dich ja zur Genüge, im Anschauen meiner Person und weißt Du noch, wir malten uns immer aus, wenn uns irgendjemand aus dem Geschäft, vielleicht Frl. Leser, sehen würde, und machten uns in Gedanken auf manchen Schlaganfall gefasst. Wir nannten diese Exkursion Betriebsausflug zu zweit.

Am Montag zog ich dann in meine neue Wohnung in der Konstanzenstraße ein und fand es riesig nett von meiner Hausfrau, Frau von Leitner, dass sie mir einen wunderschönen Biedermeierstrauß in mein Zimmer gestellt hatte. Als ich mich bei ihr gebührend bedankte, erfuhr ich, dass die Blumen gar nicht von ihr waren. Aber wer sollte mir Blumen schicken? Ich las da: *Alles Gute zum Umzug. H.U.* Schlafen konnte ich nicht vor Freude und Aufregung. Immer wieder habe ich mir überlegt, was sagst Du nur zu ihm: Nur danke sagen tut jeder, der wollte ich aber nicht sein, und außerdem hatte ich so das Gefühl, Du freust Dich über jedes liebe Wort, was man Dir sagt, und ich wollte Dir damit eine Freude machen.

Am nächsten Tag schautest Du bei meinem Gutemorgengruß recht schuldbewusst aus dem Fenster. Das machte aber garnichts, denn ich hatte mir meinen Dank überlegt und sagte: »Geben Sie mir mal die Hand«, und stammelte mein Sätzlein dabei. Nachher hast Du mir erzählt, dass Du Dich sehr darüber gefreut hast, dass ich nicht nur Danke gesagt hatte.

So hatte ich Dich schon nach vierzehn Tagen kennengelernt und wusste, mein Gefühl täuscht mich nicht, man kann gar nicht nett genug zu Dir sein, ohne sich dabei was zu vergeben oder in falschen Verdacht zu kommen. Deine strahlenden Augen verrieten mir immer wieder, dass ich recht hatte.

Bereits am Dienstag fand der zweite Betriebsausflug statt, und beim Abendbrot erklärtest Du mir, dass Du nur eine Frau heiraten wirst, die die Unterteile der Brötchen isst, aber dass ich diejenige sein könnte, ließ ich mir nicht träumen.

Als ich Dich einmal fragte, wieso Du auf die Idee gekommen bist, Dich so um mich zu kümmern, Deine freie Zeit mir zu opfern, und Du keine Antwort wusstest, gab ich sie Dir:
»Wissen Sie, nach einem Brötchen isst man ja auch ganz gern einmal ein Stück Schwarzbrot«, und Du hast mir sogar recht gegeben.

Verlobung Pfingsten 1938

Aus Chef und Sekretärin war an diesem Abend Heinz und Gisela geworden, und aus den Betriebsausflügen Fahrten ins Glück.

Tagsüber wurde immer fleißig gearbeitet, zwischendurch musste ich mir zwar immer mal jegliches Anschauen beim Diktat verbieten, aber dafür durftest Du es nach fünf Uhr uneingeschränkt tun. Es war eine wunderschöne Zeit, die Zeit des Heimlichtuns im Geschäft. Ich erregte schon Ärger bei meinen Kolleginnen über mein pünktliches Weggehen, schließlich musste immer ausgerechnet kurz vor fünf noch was erledigt werden, wenn ich gerade fortgehen wollte. Man kann aber doch einen Chef nicht so lange warten lassen!

Wenn ich in jener Zeit zum Nachdenken kam, dann plagte mich ja mein Gewissen sehr und ich wusste nicht, was daraus werden sollte, aber nach vierzehn Tagen haben wir uns dann verlobt und der Gewissenswurm hatte ausgenagt. Als ich Dich fragte, ob Du Dir das mit dem Heiraten auch genau überlegt hast, sagtest Du schlagfertig, 28 Tage lang, dabei haben wir uns erst 30 gekannt! Bei anderen Leuten hast Du sogar behauptet, um vier Uhr hätte ich mich vorgestellt und fünf Minuten nach vier hättest Du gewusst, dass Du mich heiratest. Du überbotest Dich in Schnelligkeitsrekorden.

Ich vergaß damals, ‚ja' zu sagen, so erstaunt war ich, dass Du mich ‚Schwarzbrot' Dein ganzes Leben lang essen willst.

Und jetzt kommt zum Schluss die Schadenfreude, dass Du doch hereingefallen bist, mit Deiner am Anfang besprochenen Abwechslungsliebe Deiner Sekretärinnen, indem Du wohl wieder eine losgeworden bist, aber dafür eine Ehefrau lebenslänglich auf dem Halse hast.

Und das geschieht Dir recht, nur gönnt es Dir von ganzem Herzen
Deine Gisela
Berlin, Weihnachten 1938

Hochzeit 1938

Zwischen unserer Verlobung Pfingsten und der Hochzeit am 14. Juli war nicht viel Zeit geblieben. Der Vater hatte alle Hände voll zu tun, um Papiere, Termine unter Dach und Fach zu bringen, er besuchte seine Kinder und Ilka in Bayern, und ich blieb bei meinen Eltern, kam nur einmal nach Berlin, um mein Brautkleid zu probieren und die Freunde vom Vater kennenzulernen. Die Großmama hatte sie zu einem Abendessen in die Ulmenallee eingeladen. Jung verheiratet waren auch Artur und Marilen Georgi. Marilen und ich waren gleichaltrig, aber als Tochter Sauerbruch war sie so gewandt im gesellschaftlichen Umgang, dass ich Beklemmungen bekam.
3 Tage vor der Hochzeit fuhren meine Eltern und ich mit dem Zug nach Berlin und wohnten im Hotel am Steinplatz

Die standesamtliche Trauung – die beiden Väter als Trauzeugen – fand im Charlottenburger Standesamt statt.
Jeden Donnerstag hatte der Vater seinen Frisör, also ging ich mit ihm zum Kurfürstendamm und wartete geduldig, bis er fertig war. Dann fuhren wir in die Ulmenallee. Ich zog mich dort um, eines der

Nähmädchen des Salons half mir. Meine Mutter meinte dann, ich hätte noch nie so schön ausgesehen. Vater holte mich im Schlafzimmer der Eltern ab und führte mich die Treppe hinunter, es ertönte „Treulich geführt".

Bei Tisch waren wir 13 Personen, nur die Eltern und die Geschwister. Es gab natürlich ein wunderbares Menu, aber außer der Eisbombe kann ich mich an nichts mehr erinnern. Es war eben alles wie ein Traum. Aus Angst vor meiner rührseligen Mutter hatte ich meinen Vater gebeten, keine sentimentale Rede zu halten. Er überraschte mich dann mit der Geschichte unseres Kennenlernens aus lauter Filmtiteln – ich glaube, es waren 140, die er aus meinen alten „Filmwelt"-heften herausgesucht hatte. Wir alle hatten großen Spaß daran.

Die Worte meines Schwiegervaters waren national-erhebend: Dietrich Eckart, der Dichter, wurde erwähnt, und ich meinte, die Tränen liefen mir nur so herunter, und meine Mutter flüsterte mir zu: „Du siehst schon ganz verheult aus, nun fasse dich doch und nimm dich zusammen." Es war ein herrlicher Sommertag, wir saßen draußen im Garten.

Auf die Frage der Eltern, wo wir die Hochzeitsnacht verbringen würden, hatte der Vater nicht den Mut zu sagen, dass wir um die Ecke in der Lindenallee in unserer Wohnung bleiben wollten, um dann am nächsten Morgen nach Bayern zu fahren. Ich zog mich um und verabschiedete mich von meinen Eltern, die von den Großeltern zum Essen ins Gründe eingeladen waren.

Ja, nun saßen wir also – rechtmäßig verheiratet – um 6 Uhr abends zu Hause und wussten nicht, was wir mit dem angefangenen Abend machen sollten. Theater, Kino oder eine Bar, alles hätte doch möglich sein können. Wenn in späteren Jahren die Rede auf dieses Thema kam,

wussten wir nie, ob wir uns ärgern oder lachen sollten über soviel Kindlichkeit. Als wir heirateten, war der Vater schließlich ein gestandener Mann von 33 Jahren und ich 20, unerfahren, in einen ganz anderen Lebenskreis hineingekommen, ohne jede eigene Initiative das tuend, was er für richtig fand. Weißes Kleid ja, Schleier nein, kirchliche Trauung nein, das macht man nur 1 Mal, Hochzeitsreise gebucht, ohne zu verraten wohin es ging, usw. So vertrieb ich mir am Hochzeitsabend die Zeit, indem ich meinen entzückenden Brautstrauß aus Maiglöckchen und Wicken auseinanderband, die Drähte von den Blumen entfernte, um sie in eine Vase zu stellen. Dann habe ich noch ein bisschen Wäsche gewaschen, um 21 Uhr tranken wir noch ein Gläschen Sekt, und das war's dann auch.

Im offenen Mercedes Kompressor ging es dann bei herrlichstem Wetter nach München. Wir wohnten im Hotel Continental, schrieben uns ein, und Vater erschreckte mich sehr, als er beim Portier telegrafisch Geld bestellte, weil er keines bei sich hatte. Die ganze Reise war bei „Cooks" gebucht, Vater liebte den bargeldlosen Verkehr. Am nächsten Morgen gingen wir zur Gräfin Almeida, um Dirndl, Hut, Schuhe und Jacke in Tracht zu erstehen, ich ging wie auf Wolken. Den ganzen Krieg über bis zur Währungsreform war diese zusätzliche Garderobe eine große Hilfe.

Mittags fuhren wir dann von München aus los, und ich sah zum ersten Mal die Alpen, ein großartiges Panorama, was sich da vor uns ausbreitete. Die Beleuchtung war besonders schön, weil ein Gewitter am Himmel stand, das dann am Chiemsee heftige Regenfälle zur Folge hatte, wir mussten blitzschnell das Verdeck schließen.

Unser Ziel war Zell am See, das Hotel war auf einer Halbinsel gelegen, und es hätte alles so schön sein können, wenn der Landregen nicht alle Unternehmungen zunichte gemacht hätte. Der zweite Aufenthalt war Pörtschach am Wörthsee. Jenseits der Alpen war es heiß, wir waren den ganzen Tag am und mit Ruderboot auf dem See.

Die Endstation war Salzburg. Wir wohnten im Oesterreichischen Hof und hatten abends Karten für die Felsenreitschule, „Egmont" mit Angela Salloker, Ewald Balser und Werner Kraus. Wegen dem Katschbergrennen mussten wir eine Umleitung fahren und kamen sehr spät ins Hotel, aßen während des Umziehens ein Sandwich und dann ins Theater. Es hatte schon zweimal geläutet, die festlich gekleideten Leute drängelten am Eingang, als plötzlich der Vater einer Dame auf die Schulter klopfte und sagte: „Darf ich vorstellen – Frau Urban, Frau Urban." Es war Ilka (seine erste Frau), in grand Toilette mit dem Grafen Peter Orssich (?) als Freund, und sie genoss sichtlich das Zusammentreffen. Mir fehlten die Worte. In meinem kurzen Kleid und dunkelblauen Mantel kam ich mir wie eine Landpomeranze vor und war sicher auch eine. Mit charmantem Lächeln forderte sie den Vater auf, nach der Vorstellung mit ihm wegen der Kinder zu sprechen, was zur Folge hatte, dass ich im Hotel in der Halle wie bestellt und nicht abgeholt allein saß und Vater mit ihr und Freund in der Bar sich unterhielten.

Wir sahen am nächsten Abend noch eine Aufführung von Tannhäuser und damit war der erste Teil der Hochzeitsreise beendet. Nach Berlin zurückgekehrt, fuhren wir 2 Tage später nach Göhren auf Rügen. Die Großmama hatte dort eine alte Villa den Sommer über gemietet, eine Köchen und Stubenmädchen engagiert und ihre Enkelkinder eingeladen. Es waren damals 9 an der Zahl, 5 Reisserkinder, 2 Ernst-Kinder und Peter und Angelica mit 5 Kindermädchen – heute ganz unvorstellbar. Abwechselnd kamen der Großpapa, Elisabeth und Ruth, Ernst und Helmy und die Reissers zu Besuch und 14 Tage eben auch wir. Für mich war es ein Wiedersehen mit Göhren nach zwei Jahren, 1936 hatte ich in einem Hotel dort kochen gelernt. Herr Gager, der Besitzer des Waldhotels, war sehr erstaunt, mich als junge Ehefrau wiederzutreffen.

Nach Berlin zurückgekehrt, sollte nun der Alltag beginnen.

Vaters schöne Junggesellenwohnung in der Lindenallee im 1. Stock einer Altbauvilla bestand aus 3 Zimmern und im Dachgeschoss noch Mädchenzimmer und Schrankräume. Nach seiner Scheidung 1936 ließ er sich von Hess und Rom einrichten, mit schönen alten Möbeln, es war sehr gemütlich, trotzdem distanziert und nobel. Ich brauchte da nur meine Wäscheausteuer einzubringen, alles andere war da. Vaters Junggesellenbett ließ er verbreitern, die Ehe konnte beginnen.

1936, als die Wohnung bezogen wurde – während der Trennung von Ilka wohnte er in der Ulmenallee – suchte er eine Wirtschafterin. Er gab eine Anzeige auf, die Bewerberinnen sollten sich in der Ulmenallee vorstellen. Als Vater mit seinem Schwager Fritz Reisser zum Termin kam, stand eine Schlange von Frauen vor dem Haus der Großeltern. Unvorsichtiger- oder naiverweise hatte er in der Annonce geschrieben „Junggeselle sucht ...“ Ganz irritiert von der breiten Palette des Angebotes nahm er die erste, die über 40 war, weil er glaubte, sie sei schon jenseits von gut und böse. Das Arbeitsverhältnis dauerte nur kurze Zeit, sie klagte über Alleinsein in ihrem Zimmer im oberen Stockwerk, da merkte er, wie der Hase läuft. Es ergab sich dann, dass die Frau des Hausmeisters vorbildlich für ihn sorgte. Als wir 1939 in die Kirschenallee umzogen, kam Frau Reimer noch immer zu uns zum Ausbessern und Nähen, bis wir von Berlin weggingen.

Für die Pflege des schönen Mercedes kam jeden Morgen um 7.30 ein beinamputierter Mann mit seiner Frau, die den Wagen wuschen und wienerten. Manchmal denke ich heute noch daran, wenn ich nach langer Zeit wieder einmal durch eine Schnellwaschanlage fahre und hinterher mein Auto immer selber putzen muss. Die Zeit der Heinzelmänner ist halt vorbei.

Wie ja bekannt, hatte ich keine Übung im Kochen und natürlich Angst davor. Meine Mutter hatte mir prophezeit, dass mich mein Mann nach ein paar Wochen wieder nach Hause schicken würde. Es war aber auch von Anfang an dieser Tätigkeit kein Erfolg beschieden. Vater hatte mir gesagt, ich esse alles, was auf den Tisch kommt, aber frage mich nie, was du kochen sollst.

Ich kannte ihn aber viel zu wenig, um zu wissen, was er mag und was nicht, und mit der verfeinerten Küche der Mamsell in der Ulmenallee konnte ich sowieso nicht konkurrieren.

Drei Mal in der Woche aßen Vater und Großvater in der Stadt im Club on Berlin, einer Männereinrichtung ähnlich wie in England.

Am Wochenende fuhren wir meistens auf den Golfplatz von Neblitz, den der Großvater mit begründet und wohl auch sehr gesponsert hatte. Als wir heirateten, gab Vater sein Tennisspiel im Rotweiß Club Berlin auf. Er hatte gut gespielt, er war mit Gottfried von Cramm und Hans Stuck gut bekannt, auch mit Prinz Bernhard von Lippe Biesterfeld, der dann Juliana von Holland geheiratet hat.

Nun wollten wir anfangen, Golf zu spielen, wo der gute Partner nicht so eine große Rolle spielt.

* * *

Großeltern Graf

Meine Großmutter väterlicherseits Katharina Graf geborene Faust –
von meinem Großvater liebevoll ‚mei Katche' genannt, stammte aus
Rheinhessen, wo die Familie seit vielen Generationen lebte und fast
alle Vorfahren im Kirchenbuch als ‚Ackersmann' eingetragen waren.
Sie hatte noch zehn Geschwister, davon sind vier nach Amerika
ausgewandert.

Die Konfession der Familie wechselte in etlichen Generationen.
Obwohl die Großmutter eine evangelische Mutter hatte, wurde sie eine
streng gläubige Katholikin – ganz bigottisch, wie meine Mutter immer
etwas abfällig bemerkte.

Das Katche war 26 und ihr Jean (Johannes Graf) 24 Jahre, als sie
heirateten. Die Geschichte ihrer Liebe hat mein Onkel Georg
Engelbrecht Graf in seinem Roman *Der Dammbruch* beschrieben. Ich
habe heute noch von ihr ein ganz rührendes Gedicht, das mein
Großvater zu ihrer Verlobung verfasst, sie hat es im Altersheim in
Mainz mit zittriger Hand aufgeschrieben.

Die Fausts hatten ein Wappen, das im Schlafzimmer meiner
Großeltern hing. Es war nicht das Original, sondern von meinem
Onkel Heinz bei Verwandten abgezeichnet, was aber bei der
Auflösung des Lorscher Hauses verloren ging. Viele, viele Jahre später,
1981, lernte ich in Bayern Kusinen 2. Grades von mir kennen, die zwar
auch nur ein Duplikat haben, von denen ich aber einen Abzug machen
ließ. Und auch die amerikanischen Verwandten besitzen eines. Der
Urgroßvater wurde der rote Faust genannt, wegen seines roten
Schnurrbarts, den Überlieferungen nach ein Kerl von einem Mann,
sparsam bis hin zum Geiz, eine Liegenschaft, die Großmutter von ihm
geerbt hat.

Sowohl die deutschen als auch die amerikanischen Verwandten erzählten, dass sie vom Doktor Faustus abstammen, der lange Jahre in der Pfalz gelebt hat und Urstoff für Goethes ‚Faust' gewesen ist. Die ‚Lorscher Oma' hat oft von ihrem Bruder Konrad erzählt, der so ein

Tausendsassa war und in Amerika sein Glück gemacht hatte. Als er älter wurde, bekam er Heimweh, wollte seinen Lebensabend in Deutschland verbringen und kam mit einem ganzen Koffer von Geld in Lorsch an. Leider hatte er es in den Staaten eingeschifft, und als er hier nach dem 1. Weltkrieg auftauchte, machte die Inflation sein Vorhaben zunichte. Es reichte nur noch für eine Schiffskarte zurück in die USA, wo er dann bei Verwandten bald darauf starb.

Mein Großvater war Lehrer und dann Rektor der Schule in Lorsch, gutmütig, beliebt nicht nur bei seinen Schülern, er leitete den Gesangsverein, den Kriegerverein, und ein paar Jahre nach seinem Tod 1927 wurde in Lorsch ein Denkmal für ihn eingeweiht, wo mein Vater die Festrede hielt. Ich sehe ihn immer noch mit seiner Pfeife (,mei Klötsche' sagte er dazu) ruhig zuhörend auf seinem Stuhl sitzen, denn reden konnte die Großmutter viel besser als er. Waren aber erst die Söhne, die alle drei in Berlin studiert haben, zu Hause, dann meinte er: ,Mei Buwe studieren und ich werd gescheit gemacht.'

Von den Söhnen hatte jeder eine andere politische Gesinnung. Engelbert war Solzialdemokrat, als solcher im Berliner Reichstag. Heinz hatte im 4. Garderegiment gedient und war kaisertreu bis ans Lebensende. Mein Vater war erst in der Volkspartei, dann im 3. Reich ein überzeugter Nationalsozialist. Da kann man sich vorstellen, wie hoch die Wellen der Diskussion schlugen, wenn alle zusammen waren.

Wiesbaden

Als sich nach der Währungsreform 1948 das Leben zu normalisieren begann, reisten wir mit unserem Opel t 4 nach Wiesbaden. Es gab kaum Hotels, weil die amerikanische Besatzungsmacht ihr Hauptquartier dort aufgeschlagen hatte. Wir kamen unter in der Rheinstr. im Hotel (...), das gerade freigegeben worden war. Wir waren glücklich, überhaupt ein Dach über dem Kopf zu haben, und es störte uns wenig, dass es noch keine Bettwäsche gab. Viel wichtiger fand es der Vater, wieder Kontakte knüpfen zu können, und ich war stolz, ein neues schwarzes New Look Kostüm zu besitzen, dazu hatte mir Berta Häuserl einen schicken grünen Hut und einer an der Seite herunter hängenden Feder gemacht. Wir kannten noch niemand, flanierten auf der (...)strasse zwischen Bahnhof und Kurhaus entlang. Die ersten Jahre fanden die Kongresse noch dort in dem schönen Ambiente des Kursaales statt. Als dann die pharmazeutische Industrie immer mehr Ausstellungsraum benötigte, wurde die große Rhein-Mainhalle gebaut. Aus meiner Mannheimer Schulzeit hatte ich einen bayrischen Schwarm – Roland Schick –, der Medizin studiert hatte und mit dem ich glückselig ‚Ich tanze mit dir in den Himmel hinein' in einem Tanzcafé tanzte. Wir hatten uns dann aus den Augen verloren, aber nach dem Krieg und auf dem 1. Internistenkongress dachte ich an ihn und sagte es Vater, ob er vielleicht auch hier wäre.

Wir aßen in einer kleinen Kneipe zu Abend, und plötzlich sah ich ihn allein zwei Tische von uns entfernt sitzen. Da ich mich nicht traute, ihn anzusprechen, ging Vater auf ihn zu und frug ihn, ob er Dr. Schick sei. Er war sehr erstaunt und bejahte, und Vater sagte, meine Frau möchte Ihnen Guten Tag sagen. Er erkannte mich garnicht gleich, aber er setzte sich zu uns, und wir hatten einen sehr gemütlichen Abend zusammen. Er war Leiter der evangelischen Anstalten in Neuendettelsau, und noch etliche Jahre trafen wir ihn mit seiner Frau zusammen auf dem Kongress.

Bis wir uns zum Nassauer Hof empor gearbeitet hatten, dauerte noch etliche Jahre. Der Kongress wurde immer mehr besucht, und die Ärzte hatten große Schwierigkeiten, Unterkunft zu finden. 30 Kilometer im Umkreis in Schlangenbad, Bad Schwalbach und im Rheingau waren die Hotels belegt. Es war fast immer eine Fahrt in den Frühling, in

Pforzheim blühten die ersten Forsythien, in Heidelberg wuchs der Wald schon grün, und je nachdem, welche Strecke wir fuhren, blühten an der Bergstraße oben in der Pfalz schon die Obstbäume. Im Jahr 49 war Ostern sehr spät, wir übernachteten in Kreuznach, und dort hörte ich das einzige Mal in meinem Leben die Nachtigallen schlagen.

In Wiesbaden wurde auch der Vertrag mit Dr. Eisenhut geschlossen, und jahrelang begrüßte er mich mit einem Maiglöckchenstrauß, den die Firma Madaus an ‚Kunden‘ verschenkte.

Vater verbrachte den Vormittag am Stand von Urban u. Schwarzenberg. Im Jahr des Erscheinens der ‚Klinik der Gegenwart‘ mit seinem Herausgeber bangend, ob das lose Blatt-system sich durchsetzen werde.

Nachmittags traf man sich dann im Café Blum, konnte man draußen sitzen, sah man die Doktores mit ganzen Mappen voll von Broschüren und Geschenken der Firmen vorbeimarschieren.

Mit Eisenhut, Reuss und Gerd Heisen fuhren wir abends dann in den Rheingau, meistens zu Adam Müller nach Eltville. Ich aß immer hausgemachte Blut- und Leberwürste, weil die mich so an meine

Heimat erinnerten. Den Wein ließen wir uns von A. Müller aussuchen, der sagte dann: ‚Jetzt fangen er mit dem an und dann setze mer den druff', bis wir beim 1921 angelangt waren. Bei jeder neuen Flasche gab es andere Gläser, bis beim edelsten Wein die mit Kristallranken verzierten an der Reihe waren. Er war schon ein alter Mann, groß und eigentlich ein Bauer aus der Gegend. Wir wunderten uns sehr, dass seine Vorfahren aus Italien stammten. Sein Vater war MM Mathäus Müller, der sich ganz auf Sekt spezialisiert hatte. Der Adam schlurfte in Schlappen durch das Lokal, während seine Frau in der Küche stand und sein Sohn bediente. Oft setzte er sich zu uns und erzählte Geschichten. Von den 12 Dutzend schönen Gläsern, die seine Frau mit in die Ehe gebrachte hatte, waren nach der Goldenen Hochzeit noch ein Dutzend vorhanden. Er selbst war kein Winzer, sondern Weinhändler mit der richtigen Nase für einen gut werdenden Jahrgang. Zum Herbst 1921 pumpte er sich Geld und kaufte einen ganzen Waggon Flaschen und füllte den neuen Wein gleich ab, was man im allgemeinen nicht tat, erst lagerte der Wein ja in Fässern. Aber sagte er, ‚ich hatt da so e Gefiehl, als wollt der des so', der Wein nämlich. In den 50er Jahren ließ sich der Vater eine Auswahl von ihm schicken (es soll böse Buben gegeben haben, die keinen Respekt vor dem Seltenheitswert hatten, ich meine, es wäre in der Donaustraße gewesen!).

Später hat uns dann sein Sohn das Ende dieses Originals erzählt. Er wollte in seinem Leben noch einmal in das Haus seiner Väter nach Italien. Dort fand man ihn nach ein paar Tagen Aufenthalt tot auf dem Klo sitzend. Der Sohn, der schon auf dem Weg war, den Vater abzuholen, setzte ihn vorsichtig in sein Auto, weil er die Kosten der Überführung und die Mühe mit den Papieren sich ersparen wollte. Das ging auch gut bis zur Grenze, aber beim Anhalten kippte der Vater um, und nun musste doch alles den Behördenweg gehen.

Der Sohn führte das Lokal weiter, auch seine Frau betreute die Küche, aber es war nicht mehr so wie früher. Er wusste nicht so recht, für wen er sich abplagen sollte, zu seinem großen Kummer hatte er keine Kinder und auch nicht die Lebensfreude und Kraft des Vaters. Selten hat es unserem Vater so viel Freude gemacht, die Rechnung zu zahlen für guten Wein, einen gemütlichen Abend im Kreise fröhlicher Gäste.

Ich erinnere mich an das erste Jahr, als Herr Eisenhut mit dabei war. Der gute Wein hatte ihn gelockert, und er zog sein Jackett aus, zog es verkehrt herum an, setzte den Hut quer über die Ohren und machte ein trauriges Clownsgesicht, dann fing er an:

I hab keine Lust i hab kei Freid
I hab'n Bandelwurm im Leib
I hab kei Freid, i hab kei Lust
I hab nen Bandwurm in der Brust
Und steig i auf den Stephansturm
So geht mit mir mein Bandelwurm
Und kom i in das kühle Grab
So kommt mein Bandwurm mit hinab.

Spät abends kam fast immer die Olga mit ihren Gitanes. Sie iss a arm Tier, sagte Adam Müller, und bei mir kriegt sie jedesmal ihr Schöppche. Ursprünglich und natürlich in jungen Jahren war sie Schauspielerin am Mainzer Theater, dann hatte sie entweder der Krieg oder der Alkohol (oder beides) aus der Bahn geworfen. So vierdiente sie sich durch singen ihren Lebensunterhalt. Ziemlich heruntergekommen sah sie wie eine Hexe aus mit schlecht gefärbten roten Haaren, und sie sang mit ganz tiefer Stimme *Warrrum sind die Männer so schlecht, so schlecht, so schlecht* oder das alte Mainzer Liedchen *Heile, heile Gänsche, s'wird alles wieder gut, der Deufel hat a Schwänzje, s'wird alles wieder gut, heile heile Gänsedreck, in hundert Jahr ist alles weg,* längst bevor es durch Ernst Neger für Jahre der Karnevalserfolg in Mainz war. Sie ging dann mit einem Teller von Tisch zu Tisch, um sich ein bisschen Geld zu verdienen. Einmal kam sie zur Tür herein und erstarrte, als sie Gerd Iversen gerade mit seiner Klampfe spielen sah. Sie wurde böse und fand, dass nur sie das Recht hatte, hier zu spielen, bis sie merkte, dass Gerd nicht einsammelte. Die beiden haben dann zusammen eine schauerliche Rittermorität intoniert, wir hatten großen Spaß daran. Ein lustiger Gesell war auch Gerds Assistenzarzt aus Segeberg Paul-Friedrich Bruhn, mit lustigem Knopfaugen ein Esau, ein bisschen lieber Augustin. Wie Gerd uns sagte, bei den Patienten sehr beliebt, Junggeselle, von den Schwestern angehimmelt. Aber seine Karriere war gefährdet, weil er nie seine Krankengeschichten schrieb, trotz vieler Mahnungen, aber er tat es einfach nicht. Er zog danach die Konsequenzen und wurde Badearzt in Badenweiler. Als ich im März 1967 für eine Woche im Hotel Römerbad wohnte, besuchte ich ihn. Es waren ja nun Jahre vergangen, aber ich war doch erschüttert, was aus dem lustigen Vogel von einst geworden war. Immer noch unverheiratet, war er behäbig geworden, und ich hatte das Gefühl, resigniert. Aber damals in Wiesbaden hatten wir viel Spaß miteinander, im offenen VW machten wir, Vater, Gerd, Pafri (Paul-Friedrich) und ich eine Moselfahrt. Fuhren wir durch die Dörfer, so setzte sich Gerd auf das Verdeck und sang fröhliche Lieder, dass die Dorfbewohner nur so schauten. Vater schmunzelte vor sich hin, und wir drei sangen die schönsten alten Volks- und Wanderlieder mit allen Strophen. Wenn Gerd seine Geliebte, die Klampfe, im Arm hielt, gab es kein Zögern, bei der Kaffeepause im entzückenden kleinen Bad Bertrich unterhielten wir sogar die Gäste im schattigen Garten. Eigentlich waren wir aus dem jugendlichen Alter schon heraus, aber durch den langen Krieg, wo es keine Fröhlichkeit geben konnte, wollten wir das Jungsein irgendwie nachholen.

Zeit mit Ama
Momente eines Lebens

Angelica

Gisela am Rheinufer im Gras, neben ihr einer der Ruderer in weißem Unterhemd, mit einem langen Halm kitzelte sie ihm den kurz geschorenen Nacken unter den sonnengebleichten Haaren. Ihre erste Zigarette rauchte Gisela dort, als die Franzosen abzogen, mit deren Kauderwelsch sie aufgewachsen war. Den ersten Kuss bekam sie dort, von ihrer Tanzstundenliebe, keinen anderen Namen brauchte dieser junge Mann, um in die Ewigkeit einzugehen. Unbeschwert und fröhlich, eine Jugend am Rhein.

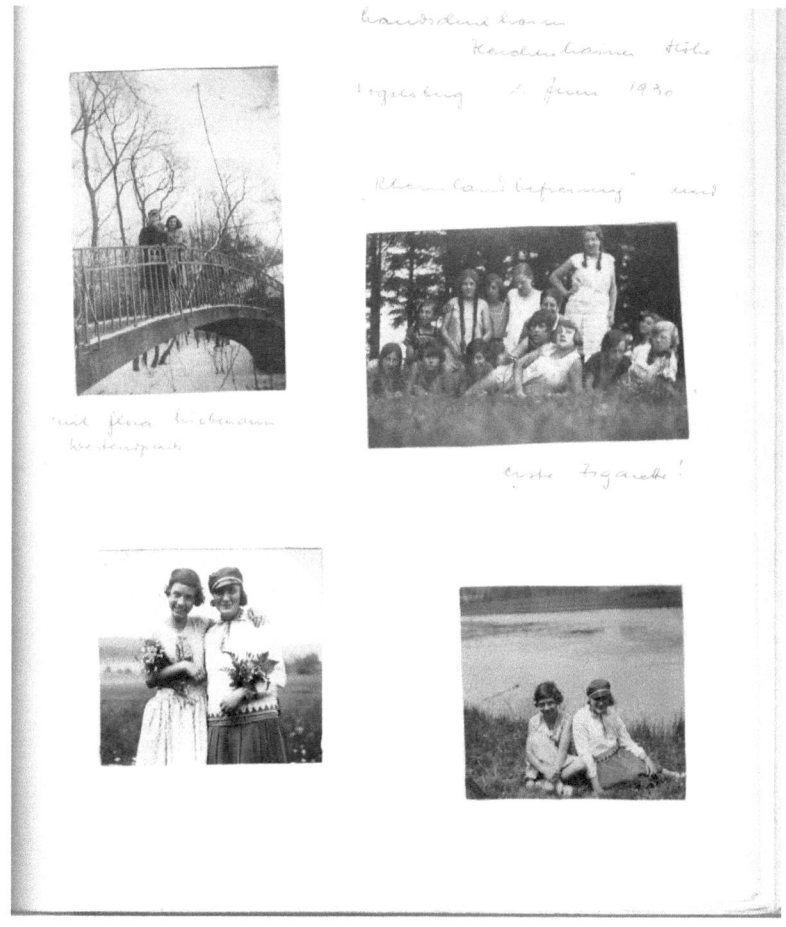

51

* * *

Sonntags fuhren sie nach Lorsch zur Großmutter. Das Haus in Lorsch war mit gestickten Sprüchen behängt, und zu niedrig für Giselas Vater und seine beiden Brüder, aber die Großmutter war klein. Die Fenster der Stube gingen zur Straße hinaus. Sonntags zogen die Trauerzüge auf dem Weg zum Friedhof vorbei, und die Großmutter zog die Spitzengardinen vor, damit die Leute nicht Gisela und ihren Bruder sahen, die sich an die Scheiben klemmten.

Bei der Lorscher Großmutter gab es trockenen Kuchen von der Vorwoche und frisch gebackenen für alle Fälle, aber erst musste der trockene aufgegessen werden. Sie selbst tunkte die Woche über Semmeln in Kornkaffee, mehr erlaubten die Zähne nicht. Zu ihren Jungsche schaute sie stolz auf, und wenn sie anfingen, über Politik zu debattieren, gab sie ihnen abwechselnd Klapse auf die breiten Hände. Sie hatte für jede politische Richtung einen in die Welt gesetzt. Giselas Vater Emil, der älteste, sollte als Lehrer gezwungenermaßen, aber auch ein Stück weit aus althumanistischem Patriotismus, der nationalsozialistischen Partei beitreten. Der mittlere Bruder Alfred war Sozialdemokrat und würde sich vor der Partei seines älteren Bruders verstecken müssen. Der jüngste Bruder Karlheinz war beim Film und kaisertreu; als Statist machte er in wilhelminischen Uniformen eine gute Figur. Bei den Debatten, wenn die anderen beiden hitzig wurden, hob er das rechte Kinn wie ein Reiterstandbild. Giselas Vater war die Erregung nur an dem sich dann rötenden Schmiss anzumerken. Direkt nach dem Säbelhieb habe er die Zunge durch die Backe stecken können, musste er Gisela und ihrem Bruder immer wieder erzählen, und dann durften die Kinder die weiße Narbe berühren, die sich schräg über das glatt rasierte Gesicht zog.

* * *

Als junges Mädchen fuhr Gisela zur Weinlese nach Rheinhessen, auf
den Hof ihrer Freundin Anneliese, die sie bei einem Familienurlaub in
Bad Liebenzell kennengelernt hatte. Frühmorgens gingen sie mit der
steigenden Sonne über die warme, bröckelige Erde zwischen den
Rebstöcken. Eine Bütte auf dem Rücken und Traubensaft an den
Fingern, im Mund die platzenden Schalen, Rufe und Lachen. Sie
schütten die Trauben aus der Bütte in einen Wagen, setzen sich in den
Schatten und essen weiter Trauben und kichern und schwatzen, bis es
Zeit zum Mittagessen ist. Und zur Mittagsruhe kommt Anneliese mit
einer Armvoll Äpfel im aufgeschürzten Rock ins Zimmer, sie setzen
sich aufs Bett und essen grüne Äpfel und schwatzen weiter, das
Kichern unterdrückend, im Dämmer der halb geschlossenen
Fensterläden, ringsum Mittagsruhe.
Und abends Tanz, mal in einem, mal im anderen Dorf. Der Vater fährt
sie hin, holt sie um ein Uhr nachts wieder ab. Im eigenen Dorf bleiben
sie bis zum Schluss, die gesamte Familie sitzt an langen Holztischen

um die Tanzfläche, mitsamt Großmutter und dem Onkel, der blöd geworden ist im großen Krieg. Um Mitternacht wird der ganze Tisch, wer gerade dabei sitzt, ins Haus mitgenommen, dort gibt es Kuchen. Die Vortage über wurde gebacken, erst die Sandkuchen, Nusskuchen, Rumkuchen und Marmorkuchen, dann die Torten, Schwarzwälder Kirsch, Erdbeersahne, Käsekuchen und Donauwelle. Die fertigen Kuchen und Torten lagern auf einem Brett, das in der Scheune an zwei langen Ketten aufgehängt ist, damit die Mäuse nicht drankommen. Und von dort werden sie nachts heruntergeholt und in der Stube auf Teller verteilt, bis alle kuchensatt sind, und wieder geht es zum Tanz. Nur die Großmutter liegt vielleicht schon im Bett, nachdem sie ihrem Sohn, dem blödsinnigen Onkel, Schuhe, Hemd und Hose ausgezogen und ihn auf seinem Bett abgesetzt hat. Durchs ganze Dorf hallt die Tanzmusik, und im trüben Schein der Glühbirnen müssen sich die Leute an den Tischen schreiend unterhalten. Den Mädchen auf der Tanzfläche glühen die Wangen. Die Musik setzt ein, die Paare stellen sich auf, tanzen ein paar Takte, die Musik hält an und einer geht herum und kassiert bei den Herren. Gisela und Anneliese lassen keinen Tanz aus, wenn sie später im Bett liegen, kribbeln ihre Beine von den vibrierenden Holzplanken, und ihre Arme vom Büttenheben, und ihr Magen von den Trauben und Äpfeln. Immer muss eine nachts hinaus und die andere begleitet sie durch die Dunkelheit zum Häusle auf der anderen Seite des Hofs.

* * *

Mit neunzehn Jahren antwortete Gisela auf eine Stellenanzeige in einer Berliner Zeitung. Ein medizinischer Verlag suchte eine Sekretärin, und nur einen Tag später hatte sie die Zusage auf ihre Bewerbung im Briefkasten. Damals funktionierte die Post noch.

Das war kurz nach dem Kochkurs auf Rügen, zu dem ihre Mutter sie nach dem Abschluss an der Höheren Handelsschule in Mannheim geschickt hatte. Sie war mit einer Fingerkuppe weniger zurückgekommen, die war dem Fleischwolf zum Opfer gefallen. Und mit einigen Pfund mehr, daran war die Vorratskammer schuld gewesen, in der die Kochschülerinnen Sauerkraut und Würste holten und Sauerrahm mit dem Finger naschten. Auch die Ausflüge zu Fuß durch die Buchenwälder über den Sassnitzer Kreidefelsen machten die Taille nicht wieder schlank. Ihre Mutter zog ihr bei der Rückkehr ein Korsett an, die Leute sollten doch nicht denken, da sei was Kleines auf dem Weg.

Rügen 1936

Giselas Mutter trat morgens ans Fenster, wenn ihr Mann aus dem Haus ging, der Oberstudienrat war und von Obersekunda bis Oberprima Latein und Griechisch unterrichtete. Die zur Schule ziehenden Gymnasiasten lüpften ihre Kappen. Das Lächeln, mit dem sie den Gruß entgegennahm und ihrerseits bei der sonntäglichen Promenade Bekannte grüßte, probte sie vor dem Spiegel. Das hatte bei meiner Großmutter eine Aversion gegen Spiegel und die Meinung der Leute zur Folge gehabt. Nur manchmal bat sie meine Mutter oder mich, die Pinzette aus dem Bad zu holen, um ihr das Hexenhaar auszureißen, das ihr mit dem Alter hartnäckig am Kinn wuchs. »Es wiederholt sich doch alles im Leben«, sagte sie, und es war nicht ganz deutlich, worauf sie sich bezog, oder ob das Leben selbst immer engere Kreise um sie zog. Die sie mit jedem Jahr näher der Region brachten, die sie als *meine Zeit* bezeichnete.

Zu meiner Zeit begann mit dem lichtklaren Tag, an dem Gisela in Berlin ihre Stelle in dem medizinischen Verlag antrat, aus der sie vierzig Tage später wieder austrat, um sich mit dem Juniorverleger zu verloben. Der war schon einmal verheiratet gewesen, doch inzwischen wieder geschieden, und Giselas hessischer Dialekt hatte es ihm angetan. Ein seiner ersten Frau mitgebrachter Fächer aus den Federn eines Vogel Straußes, den er in Afrika geschossen hatte, ging in den Besitz meiner Großmutter über.

Berlin war Giselas großer Traum gewesen. Aus Berlin kamen die Kinofilme, in Berlin wohnten die Filmschauspieler. Während sie in Mannheim die Höhere Handelsschule besuchte, sparte sie sich von den zehn Pfennig, die ihre Mutter ihr fürs Mittagessen gab, jeden Tag fünf Pfennig vom Mund ab. Statt sich eine Wurstsemmel zu kaufen, nahm sie heimlich ein Brot von zu Hause mit. So konnte sie einmal in der Woche für zwanzig Pfennig ins Kino gehen und sich gelegentlich eine Filmzeitschrift leisten. Oder eine Zigarette.
Und immer hatte sie gewusst, dass alles beginnen würde, wenn sie ihren Brief nach Berlin schreiben würde. Jahrelang hatte sie ihn im Kopf formuliert, ohne noch zu wissen, an wen er sich richten oder auf welche Anzeige sie antworten würde.
»Ich möchte mir in Berlin Stelle suchen«, sagte sie eines Samstags beim Kartoffelschälen.
»Und?«, sagte ihre Mutter und steckte sich ein Stück Butter in den Mund. Auf Anraten des Arztes aß sie viel Butter, das ist gut für die Nerven, Frau Studienrat, mindestens ein Pfund am Tag.
»Ich dachte, ich könnte auf die Anzeige antworten.«
»Du?« Die Mutter sah sie mit fettglänzenden Lippen an. »Was hast du denn in Berlin verloren?«
»Ich will eben hin.«
»Mein Giselche? Na wart nur, was dein Vater sagt.«
Als Giselas Vater vom Frühschoppen kam, tischte ihm seine Frau die Neuigkeit gleich mit dem Tellerfleisch auf, »unser Giselche will nach Berlin, was sagst du nu, Alfred?«
Der Vater kaute an seinem Fleisch und machte einen müderen Eindruck als zuvor, trotz des Schalks, der immer in seinen Augen

blitzte und weiter rohe Eier hinter den Ohren seiner Kinder hervorholen ließ, als sie beinahe erwachsen waren. »Wer wird schon erwachsen«, sagte er dann. »Muss sie eben gehen, Emmi«, sagte er jetzt. »Aber Alfred, ist doch noch viel zu jung.«

»Lass gut sein, Emmi, wir sind's, die zu alt sind für sie.«

Damit stand er auf und ging in den Keller hinunter, um wie jeden Abend die auf dem Sand lagernden letzten Winteräpfel umzudrehen und die mit den faulen Stellen nach oben zu bringen. Er schälte sie in einer Spirale und gab die Schnitzen reihum. Hans Günther nahm seine mit und ging zum Pauken auf sein Zimmer. Im Vorbeigehen fuhr er seiner Schwester übers Haar, und Gisela griff hastig hin, damit sich keine Strähne ihres um den Kopf geflochtenen Zopfes löste. Es war die einzige Frisur, mit der ihr feines Haar ein wenig Länge vortäuschen konnte. Hans Günther nannte es die Pfannkuchengesichtfrisur.

Hans Günther würde nicht mehr lange am Küchentisch sitzen und Apfelschnitzen essen. Ein Jahr später, zu Kriegsbeginn, würde er eingezogen werden, und wenige Monate später würde ihn beim Verlassen seines Panzers eine Kugel treffen. Ob eine feindliche Kugel oder ein Querschläger, sollte man nie mit Gewissheit erfahren. Achtzehn Jahre war er alt.

Zu Giselas Hochzeit fuhr er aber noch mit nach Berlin. Auch bei der Verlobungsfeier im Haus der Eltern in Worms war er da. Zu der Gisela auf das Insistieren ihrer Mutter hin den Gürtel ihres Kleides ganz besonders eng schnürte, damit niemand auf falsche Annahmen wegen des überstürzten Hochzeitstermins käme. Keine zwei Wochen nach ihrer Ankunft hatte sie ihren Eltern per Telegramm angekündigt, sie habe sich verlobt. Juniorverleger hat um meine Hand angehalten, stand dort. Erklärung folgt. Heirat baldmöglichst. Sie hatten sich Sorgen wegen des Alters dieses Chefs gemacht, und dann, ob ihre Tochter wohl den Verstand verloren habe.

»Ich habe vom ersten Tag an gemerkt, dass er mich immerzu angesehen hat«, sagte Gisela später. »Aber was hätte ein Mädel aus der Provinz wie ich schon darauf gegeben.«

Abgesehen von seiner Schwäche für den hessischen Dialekt hatte der Juniorverleger, wie er von den anderen Sekretärinnen genannt wurde, offenbar noch weitere Gründe gefunden, sie nach einer Woche zu einem Sonntagsausflug in seinem Wagen einzuladen. Von da an fuhren sie jeden Nachmittag spazieren. Der Juniorverleger war gerade aus Japan zurückgekommen, der Verlag veröffentlichte die ersten Akupunkturbücher. Kurz vorher war die Scheidung von seiner ersten Frau ausgesprochen worden, sie war mit den beiden Kindern nach Bayern gezogen.

Die vier Wochen, die Gisela in Berlin arbeitete, wohnte sie bei ihrem Filmonkel und seiner Frau Julia. Tante *Hulia* kam aus Mexiko, dorthin war ihr deutscher Vater ausgewandert. Gisela wusch jeden Abend ihre Unterwäsche im Waschbecken, und zweimal in der Woche ging sie ins Kino. Von ihrem ersten Monatsgehalt kaufte sie sich ein Paar Schuhe mit Absätzen. Nie und nimmer hätte ihre Mutter sie so unpraktische Schuhe kaufen lassen. Es war eine Freude.

»Porca Miseria«, rief Tante Hulia, als sie von der Verlobung erfuhr. »Da hast du uns garr nichts gesagt!« Ihr Mann, der Filmonkel, rückte seinen Schlips zurecht.

Der Seniorverleger ließ sich keine Überraschung anmerken, nur ein Schmunzeln gestattete er sich. Er nahm eine Zigarre aus der Schublade und zündete sie an, den Blick auf das junge Paar gerichtet, das vor seinem Schreibtisch stand, seinen hühnenhaften Sohn und das Mädchen aus der Provinz mit dem unverstellten Lachen.

»Ich nehme an, ihr habt euch das gut überlegt.« Er stützte beide Ellbogen auf der grünen Schreibunterlage ab. »Dann wollen wir es mal deiner Mutter beibringen.«

Seine Frau kam ursprünglich aus Süddeutschland, aber daran durfte man sie nicht erinnern, denn von dort stammte ihre Mutter, und die wurde in der Familie nicht erwähnt. Und da sie nicht erwähnt wurde, konnte auch keiner wissen, warum dem so war. Giselas künftige Schwiegermutter war in Berlin von einer Großtante nach besten preußischen Grundsätzen aufgezogen worden.

»Nicht verzagen«, sagte der Seniorverleger Augen zwinkernd zu seiner künftigen Schwiegertochter und führte sie die Eingangstreppe hinauf, den Regenschirm über den anderen Arm gehängt. Seine Frau stand in einem taubenblauen Wollkostüm aufrecht in der Flügeltür zum Wohnzimmer und sah zu, wie sie die Eingangshalle durchquerten. Sie gab dem Dienstmädchen einen Wink, die Mäntel abzunehmen. Die zukünftige Schwiegermutter ging voraus bis zu einer Sitzgruppe im Empirestil, und da trat aus einer anderen Flügeltür der Juniorverleger hinzu, der seine Mutter gerade in Kenntnis gesetzt und sie gebeten hatte, nett zu dem Mädchen zu sein. Seine Mutter hatte es ihm versprochen und erwähnte die frohe Neuigkeit mit keinem Wort. »Was darf ich Ihnen anbieten?«, fragte sie, und Gisela wurde rot.

Die Hochzeit war standesamtlich und wurde im engen Familienkreis abgehalten wurde, da es die zweite für den Bräutigam war. Gefeiert wurde im Garten des Hauses in der Ulmenallee im Berliner Westend, und auf Giselas Wunsch hin durfte jeder soviel Eis zum Nachtisch nehmen, wie er mochte.

Den Abend verbrachten die Frischvermählten in Heinz' Junggesellenwohnung. Offiziell befanden sie sich da schon auf Hochzeitsreise. Tatsächlich würden sie erst am nächsten Morgen fahren, aber wie sähe das denn aus, sagte Heinz, sollten die Leute sie sich etwa beide über Nacht in seiner Wohnung denken?

Da sie nun aber niemand sehen durfte, konnten sie auch nicht irgendwo etwas essen gehen, wie Gisela es sich so schön vorgestellt hatte. Sie beendete den Tag damit, im Waschbecken ihre Seidenstrümpfe zu waschen.

Auf den Gruppenfotos im Hochzeitsalbum lachen alle, als hätte jemand einen Witz erzählt. Gisela, für den Nachmittag im weißen Kleid, nach dem dunkelblauen Kostüm fürs Standesamt, strahlt mit Pausbacken und Blümchen im hochgesteckten Haar, zu ihr hinabgebeugt lächelt zufrieden ihr frischgebackener Mann. Giselas Eltern, im dunklen Kleid und Schwalbenschwanz, haben einen beglückten Ausdruck in den breiten Gesichtern. Daneben würdevoll die Schwiegermutter im langen schwarzen Kleid mit geschlitzten Ärmeln, das graublonde Haar geplättet und mit Dutt, der fleischige Hals von einer Perlenkette umfasst. Ihr Mann von resignierter Freundlichkeit, in dunklem Anzug und Strohhut, der Mund unter dem weißen Schnurrbart melancholisch lächelnd.

* * *

Worms war für meine Großmutter die Kulisse ihrer Kindheit, Berlin hatte sie sich zum Schicksal gewählt. Auch wenn sie letztlich nur knapp acht Jahre ihres Lebens dort verbracht hat, aber diese acht Jahre waren der Knotenpunkt. »Zu meiner Zeit«, das waren die Konzerte der Berliner Philharmoniker unter Furtwängler, die Theaterpremieren von Gustav Gründgens, für den ihre Verehrung so ungebrochen anhielt, dass sie den Mephisto-Film, den sie als Video geschenkt bekommen hatte, gar nicht erst aus der Zellophanhülle genommen hatte, weil sie nicht vorhatte, ihn jemals anzuschauen. Verleumdungen eines eifersüchtigen Schwagers.

Um Politik hatte meine Großmutter sich nie gekümmert. »Es gibt Dinge im Leben, die kann man nicht ändern«, sagte sie. So sei das. Bei den Salzburger Festspielen, wohin sie die Hochzeitsreise nach dem verunglückten Hochzeitsabend führte, wehten eben Hakenkreuze. Das war die Zeit. Sie sind mit dem Auto nach Österreich gefahren, es war kurz nach dem Anschluss, ins restliche Ausland durfte man inzwischen nicht mehr.

In der Pause ihrer ersten Oper, Der Rosenkavalier, begegnete ihr Mann im Foyer seiner ersten Frau. Sie hängte sich in taftseidenem Abendkleid bei ihm ein und nahm ihn unter dem Vorwand in Beschlag, etwas wegen der Kinder besprechen zu müssen. Eine halbe Stunde lang saß die junge Ehefrau Gisela auf einem Bänkchen im Durchgang und schaute zu, wie die anderen Opernbesucher Champagner tranken.

Einmal fuhr ich mit meiner Großmutter in ihrem letzten Auto, einem weinroten Golf, nach Salzburg, wo ich seit meiner Kinderzeit nicht mehr gewesen war. Wir sind im Mirabellgarten spazieren gegangen und haben uns in eine Wirtschaft gesetzt, um Germknödel zu essen. Rauchend saß sie mir ums Eck gegenüber, während ich mit der Gabel die Mohnbutter vom Teller kratzte.

Danach kam sie nur noch einmal bis zu dieser südöstlichen Grenze ihrer Welt, mit ihrem ältesten Sohn und dessen vierten Schwiegereltern, denen die Stadt gezeigt werden sollte. Meine Großmutter fuhr inzwischen nicht mehr Auto. Trotz der sommerlichen Jahreszeit regnete es, und das nass glänzende Kopfsteinpflaster und der unter einer tiefen Wolkendecke schäumend dahinströmende Fluss, die Regenschirme zwischen den farblosen

Häuserfassaden haben meine Großmutter in eine mehrere Tage andauernde Trübsinnigkeit versetzt. Sie beschloss, nicht noch einmal ihre Erinnerungen derart in Gefahr zu bringen.

Auch Sylt, der nördlichen Grenze, hat ein ähnlich traumatisches Erlebnis ein Ende gemacht. Und das, obwohl Sylt und sein Heidekrautduft eine Quintessenz der wichtigsten Jahre meiner Großmutter waren. Jedes Jahr waren sie zu sechst im offenen Volkswagen nach Sylt gefahren, in Anbetracht der Größe meines Großvaters, die er auch an seine Söhne weitervererbt hat, ein Kunststück, das sich aber von selbst verstand. Es wurde gesungen, und die drei Brüder ärgerten die kleine Schwester. Die Fahrt aus Süddeutschland war lang, aber es waren die fünfziger Jahre, und alles war gut. Berlin lag jetzt weit im Osten, und sie hatten einen ganzen Monat mit Sandburgen vor sich, mit der täglichen Frage ob Watt- oder Strandseite, mit haushohen Dünen und lachenden Gesichtern.

* * *

Im Wohnzimmer meiner Großmutter auf dem Stuhl zu sitzen, bringt eine sonderbare Form der Zeitenthebung mit sich. Auch in einem nicht besonders heißen August wie diesem sammeln sich die Sonnenstrahlen in den Zimmerecken, tanzen Staubkörnchen vor der großen Fensterscheibe, während meine Großmutter langsam erzählt und Rauchwolken gegen die ledernen Buchrücken mit ihren abgewetzten Goldrändern schweben.

Meine Großmutter sagt, morgen hätte sie ihren sechsundfünfzigsten Hochzeitstag gehabt. Wäre mein Großvater noch am Leben, denke ich mir still hinzu, hätte er sie nicht in ihrem fünfzigsten Jahr verlassen.

»Ama«, sagte ich, »erzähl mir eine von deinen Geschichten.«
»Aber du kennst sie doch schon alle. Was soll ich denn erzählen?«
Früher waren es die Streiche, die wir hören wollten, ein ums andere Mal, wie unsere Onkel, drei dunkelhaarige Knirpse in kurzen Flanellhosen und weißen Hemden unter den Pullovern, aber das nur fürs Foto, das vor mir auf der Kommode stand, denn sonst liefen sie jahrelang in denselben Lederhosen herum, wie unsere Onkel also die auf den Vorhangstangen versteckten Schokoladentrüffel herunterholten, wie sie einen Gipsverband fabrizierten, um sich vor einer Schularbeit zu drücken, wie sie die Weinflaschen im verschlossenen Kellerschrank köpften und entleerten, wie sie den nagelneuen VW-Käfer in den Graben setzten.

Jetzt höre ich ihre Geschichten von Tanzstundenliebe und erster Zigarette über dem Rhein, von der einzigen Eisdiele in Worms und von Fahrten ins Grüne um Berlin mit dem Juniorchef, vom Heiraten und Kinderkriegen, von der Schwiegermutter, die ein eisernes Regiment über Vorratskammer und Säuglingszimmer führte, vom Krieg und vom nächsten Kind, von der dicken Berta, der Köchin ihrer Schwiegermutter, die mit Leib und Seele Köchin war, bis es fast nichts mehr gab, womit sie hätte kochen können, und sie zurück nach Pommern ging, weil sie so nicht arbeiten konnte. Was aus ihr geworden sein mochte, dachte meine Großmutter dann laut.

Im Krieg fing meine Großmutter an, eine Packung Zigaretten am Tag zu rauchen. Seit den Fliegeralarmen. Noch fünfzig Jahre später schreckte sie auf, wenn am ersten Mittwoch des Monats um zwölf die Sirenen beim Probealarm aufheulten. Dann spürte sie wieder die Kinderfinger ihre Hände umklammern, wenn sie mit den beiden älteren Söhnen die Straße entlang zum Luftschutzkeller hastete. Beim Einsetzen des Alarms wäre die Zeit zu knapp geworden, man verfolgte die Routen der vom englischen Kanal kommenden Fliegerstaffeln im Radio, und wenn sie bei Braunschweig noch nicht abgedreht waren, zog Gisela die Kinder an und ging los. An der Kreuzung zur Ahornallee zeigte der Vierjährige Michael in die Luft und sagte »Jetzt heulen sie gleich«, und eine Sekunde später umgab sie das ohrenbetäubende Gellen, das die Stadt aus unsichtbaren Lautsprechern in seine Gewalt nahm.

Keine Stunde nach der Geburt des dritten Sohnes Christoph waren die Sirenen auch losgegangen. »Ich kann doch jetzt nicht aufstehen«, hatte meine Großmutter gesagt. Sie war sechsundzwanzig Jahre alt. Zwischen dem zweiten und dem dritten Kind hatte sie einen Abgang gehabt.

»Ich bleibe oben«. »Aber natürlich können Sie aufstehen«, hatte die Hebamme gesagt und sie vom Geburtsstuhl gehievt. Mit dem Neugeborenen im Arm war sie der Großmutter die drei Stockwerke in den Keller vorausgegangen.

Die Flucht. In den meisten Geschichten kam sie auf irgendeine Weise vor oder war einfach da. Der Wendepunkt. Der alle bis dahin gültigen Regeln aufhob. Plötzlich Hunderttausend auf den Straßen, von einem Ende des Landes ins andere ziehend. Froh, wenn sie überhaupt irgendwohin kamen. Eine Schwangere mit drei kleinen Kindern. Während der furchtbaren Luftangriffe der letzten Kriegswochen waren Gisela und die drei Buben aufs Land evakuiert gewesen, jetzt herrschte die Verwirrung eines verlorenen Krieges, in der niemand mehr sagte, was zu tun war.

Der Vater war kurz vor Kriegsende seiner Unabkömmlichkeit als medizinischer Verleger enthoben und eingezogen worden, war von den Amerikanern in der Schreibstube, in der er die letzten Wochen vor Kriegsende zugebracht hatte, festgenommen worden.

(An dieser Stelle merke ich, wie vage sich die Erzählung an den geschichtlichen Fakten vorbeilaviert, denn zunächst waren es ja die Russen, die Berlin eroberten, dann erst kamen die Amerikaner, doch in meiner Erinnerung der Geschichte meiner Großmutter geschah die Flucht aus Angst vor den Russen. Aber womöglich waren sie schlicht schon da und es war die Ungewissheit, was mit der Stadt geschehen mochte.)

Irgendwie gelang es dem Vater jedenfalls zu entkommen, ein Auto mit Chauffeur aufzutreiben, und mit Sack und Pack machte sich die Familie mitsamt Kindermädchen auf den Weg in den Westen.

Als sie merkten, dass sie den Koffer mit der Babykleidung und dem Silber in Berlin vergessen hatten, machte das Kindermädchen kehrt, in einem der wenigen Lastwagen, die noch in Richtung Osten fuhren. Sie sahen sie nie wieder.

Ein weiterer Koffer mit dem verbleibenden Bargeld blieb nach einer in einem Privathaus verbrachten Nacht neben dem Bett stehen, das Gisela angesichts ihrer fortgeschrittenen Schwangerschaft hatte benützen dürfen. Und dort stand der Koffer wundersamerweise noch, als sie Stunden später zurückkehrten, nachdem sie den Fahrer des Wagens, der sie mitgenommen hatte, gegen eine hohe Summe zum Umdrehen bewegt hatten.

Ich saß hier auf meinem Stuhl, den Zigarettenqualm meiner Großmutter in der Nase, und sagte mir, was ein Glück, zwei Generationen später geboren zu sein. nicht sagen zu müssen »so war das eben«.

»Aber was hast du darüber gedacht? Was habt ihr untereinander geredet, mit dem Großpapa?« Solche Fragen wollten ihr nicht einleuchten.

»Über bestimmte Dinge konnte man nun mal nicht sprechen. Man musste ja sehen, wie man zurechtkam. Die Lebensmittelmarken, die Benzinrationierung, das Abdunkeln. An manches war man schon gewöhnt, der Eintopf sonntags zum Beispiel, das wurde schon eingeführt, als ich noch bei meinen Eltern wohnte. Und das wurde kontrolliert, da ging einer herum und roch an den Wohnungstüren, ob nicht doch irgendwo ein Sonntagsbraten aufgetischt wurde.«

»Und die Juden, Ama? Habt ihr davon gar nichts mitbekommen?«

»Na ja, irgendwann durfte man in den jüdischen Kaufhäusern nicht mehr einkaufen. Manche Dinge waren schwierig woanders zu bekommen, einmal ging meine Mutter heimlich zu Goldschmidt, um einen Firmanzug für meinen Bruder zu kaufen. Der hatte Glück, er bekam einen neuen Anzug, ich wurde in meinem blau gefärbten Kommunionskleid gefirmt. Man hatte mich nämlich vergessen, bei der Kommunion, meine Mutter war konvertiert und kannte sich im Katholischen nicht so aus, und als sie nachfragte, hatten alle aus meinem Jahrgang schon Kommunion gehabt und ich musste zwei Jahre warten und war die größte. Meine Kerze war dafür die kleinste, alle anderen hatten schöne neue Kommunionskerzen, nur ich meine Taufkerze, und die wackelte in ihrer Halterung. Bei der Firmung war ich nicht mehr zu spät dran, aber weil die Kommunion erst zwei Jahre her war, befand meine Mutter das schöne Kommunionskleid noch für gut und färbte es ein. Es ging mir gerade bis zum Knie, was habe ich gelitten.«

»Aber später, Ama, wusste man, was mit den Juden geschah?«

»Viele gingen weg. Verkauften ihre Geschäfte. Die Witwe Goldschmidt zum Beispiel, die ging nach Genf, ihr Sohn und Familie wohl nach Brasilien. Die Lohnsteins zogen auch zu einer Tochter in die Schweiz, soviel ich weiß. Nachdem der Sohn nach Südafrika gegangen war. Die Isays sind auch auf Reisen gegangen, wahrscheinlich emigriert. Waren ja doch alles voraussichtige Leute. Nur die Silberbergs, das waren polnische Juden, die waren noch nicht so lange in Worms gewesen, was aus denen wurde, erfuhr man nicht. Da war ich schon nicht mehr in Worms.«

* * *

Dorle kam kurz nach Kriegsende in Giessen zur Welt. Mit Berlin war es vorbei. Der Verlag im Osten, konfisziert. Und nach dieser Geburt hatte meine Großmutter so große Lust auf eine Zigarette, dass die Krankenschwester bei den ehemaligen polnischen Zwangsarbeiterinnen, die von den Amerikanern Zigaretten und Streichhölzer bekamen, eine erbettelte.

Von Giessen ging der Weg nach Süddeutschland, an den Ammersee, wo der Vater ein Haus besaß, doch war es auf unbestimmte Zeit von den Amerikanern konfisziert, und so musste weiter nach einer Bleibe gesucht werden. Zwei Schwestern vom Vater waren inzwischen am Tegernsee, und so fuhr man dorthin. In Sankt Quirin fanden sich drei Zimmer in einem Haus, in dem bereits der Bruder von Heinz mit Frau und vier Kindern untergekommen war, und für die nächsten Jahre sollte die Familie erst dort, dann in einem Haus am Leberg heimisch werden.

Tegernsee, Am Leeberg 173

2o. t. 57

Um den Verlag in München neu aufzubauen, fuhr der Vater fast täglich in die Stadt, anfangs mit dem Fahrrad. Fünf Stunden hin, fünf Stunden zurück. Damit ihn nicht die Kräfte verließen, kochte Gisela ihm mit den Haferflocken-Lebensmittelmarken der Kinder warmes Porridge.
In den ersten drei Jahren nach dem Krieg gab es nichts, erzählte meine Großmutter. Kein Ei rückten die Bauern heraus, ungerührt schauten sie die Flüchtlinge und ihre Kinder an, wenn die ihren Hof betraten, die Stalltür zu den Kühen sorgsam verriegelt, kein Schwein hörte man grunzen. Dann kam die Währungsreform – das fasst sich jetzt so leicht zusammen, drei Jahre in einem Satz –, und über Nacht lagen Brotlaibe

in den Bäckereien, die Regale der Lebensmittelläden waren bestückt, es gab Käse und Schinken und Fleisch und Eier.

Die Jungen marschierten quer über die Feldwege in die Schule. Der Älteste kam mittags immer als letzter nach Hause. Einmal ging meine Großmutter los, ihn zu suchen, da stand er an einem Zaun am Wegrand in Betrachtung einer Ameisenstraße versunken.

Und meine Mutter wuchs in einem solchen Selbstverständnis mit der Natur ringsum auf, dass sie lange nicht darüber hinwegkam, als die Familie fünf Jahre später nach München in die Stadt zog. Sie setzte sich auf die Mauer des Gartens in der Donaustraße, um die Felder am Horizont zu sehen, und als dort eine Neubausiedlung zu bauen begonnen wurde, stellte sie tieftraurig fest, dass sie bald nie wieder den Himmel sehen würden.

Unser Blick fiel auf das Schwarzweiß-Foto auf der marmornen Heizungsbank, drei lachende Buben mit schnittigem dunklem Seitenscheitel, weißen Hemden und kurzen Hosen, daneben meine ebenfalls lachende Mutter, mit ihrer Himmelfahrtsnase und den Grübchen in den Wangen.

* * *

Es fiel mir schwer, hinzunehmen, dass meine Großmutter ihren Radius immer weiter einschränkte. Als wir klein waren, hatte sie uns das Entenfüttern am Kleinhesseloher See zum Ritual gemacht, mit dem Museumsdirektor, unserem Zieh-Großvater Haro, sind wir im Englischen Garten von Spielplatz zu Spielplatz gezogen. Inzwischen war die Runde um den See das höchste der Gefühle, eingehängt am Arm eines Sohnes, ihrer Tochter oder einer Enkeltochter, und beschwerte sich über die langen Beine, die allesamt vom Vater geerbt hätten, um rücksichtslos große Schritte damit zu tun.

»Alte Frau ist doch kein D-Zug«, sagte sie dann und verlagerte ihr Gewicht ein wenig mehr auf meinen Arm, während ihr wachsweicher Handballen meinen Handrücken tätschelte. In der anderen Richtung begrenzte die Leopoldstraße ihren Radius, zwei Straßenblöcke hoch und einer rechts, unterwegs konnte man das Wassertragerl bei der Getränkefrau stehen lassen, um auf dem Rückweg fünf Flaschen Volvic und eine Flasche Bier für Besuch mitzunehmen, und das neue italienische Restaurant begutachten, das an der Ecke aufgemacht hatte und bald wieder zumachen würde wie all die anderen. Der tote Winkel hinter der Münchener Freiheit.

Ich ging mit meiner Großmutter zu Hertie, kaufte Dosensuppen, Spargelcreme, Hochzeitssuppe und Erbseneintopf von einer bestimmten Marke, gelegentlich Krabbensuppe von einer anderen. Damit bestritt sie ihr Mittagessen. Ihre theoretischen Kochkenntnisse hat sie nie selbst praktiziert, sondern ihren verschiedenen Mädchen beigebracht, bis sie alles wussten, was sie zum Heiraten brauchten, und das Haus verließen.

In dieser ihrer letzten Wohnung hatte sie kein Mädchen und keine Köchin mehr, nur noch die Putzfrau, die einmal in der Woche mit zwei Brezeln kam. Manchmal kaufte sie auch ein Stück Rindfleisch und setzte es mit Suppengrün auf, oder ein Germknödel wurde aus der Tiefkühltruhe geholt. Wenn Besuch kam, gab es nachmittags einen Butterkuchen von der Konditorei an der Ecke, oder ich brachte im Sommer Vanille- und Schokoladeneis mit.

* * *

»Spatz, willst du nicht einmal nach draußen gehen? Es ist ein so schöner Abend.«

Das Halbdunkel der Wohnung hatte mich den Nachmittag lang auf den Stuhl gebannt, mit sirrenden Ohren hatte ich meiner Großmutter erst dabei zugesehen, wie sie die Klatschzeitschrift durchblätterte, hatte schweigend mit ihr geraucht, hatte Rambo mit dem Fuß gekrault, hatte die Rollladenritzen fixiert, bis mein Blick aus gleißenden Lichtstreifen bestand.

»Keine Lust.«

»Na komm, lass uns eine Runde um den See gehen. Ich sollte mir die Beine vertreten.«

Ich half ihr in ihre Straßenschuhe mit halbem Absatz, wir fuhren im Lift nach unten und liefen der Hausmeisterin in die Arme. »Ja so was«, sagte die, »Frau Urban, um die Zeit noch unterwegs, aber Sie haben ja recht, wenn's so heiß ist, möcht man nicht raus, und mit der Enkeltochter, na das ist aber fein, da geht's sich gut, hab ich recht?« Meine Großmutter nickte beiläufig und erkundigte sich, wie es ihr gehe, »ja mei, wie soll's gehn, jünger wird man halt nicht, und die Arbeit wird nicht weniger, aber man soll ja nicht klagen, wird schon alles, und wenn jetzt dann noch die neuen Steinplatten verlegt werden und man nicht mehr beim Regen ausrutscht.«

Meine Großmutter fragte nicht nach ihrem Mann und wir gingen weiter, die wächserne Haut ihres linken Innenarms auf meinem rechten Unterarm, von Zeit zu Zeit klopfte sie mit der Hand, damit ich langsamer ging.

» Hör nur die Schwalben, wie sie in ihre Nester fliegen. Ach, hier bauen sie jetzt auch? Na, scheußlicher geht's wohl nicht. So ein weißer Klotz. Guck mal, wie es drüben im Biergarten wurlt. Da sind die Münchner ja rührend, bei jedem Sonnenstrahl draußen, das muss man ihnen lassen. Schau, da ist der Spielplatz, wo du immer auf den Baum geklettert bist, Angst und Bange ist einem geworden. Ach, Brot für die Enten hätten wir mitnehmen können, siehst du. Wie habt ihr euch früher gefreut, wenn wir zum Entenfüttern gegangen sind. Weißt du noch, wie die Gans dich gezwickt hat?«

Bei der Steigung zurück nach Hause mussten wir mehrmals stehenbleiben. »Herrje, herrje. Was tut man nicht alles. Na, bringen wir's hinter uns.«

Der Fernsehabend begann mit Leute Heute, ich pflichtete meiner Großmutter bei, dass die Moderatorin wirklich einen ganz unvorteilhaften Blazer trug, später kam die Tagesschau, dann auf dem Vierten die Seitenblicke, dann legten wir das Video von Pretty Woman ein, weil das Fernsehprogramm nichts hergab.

Irgendwann nahm Ama sich das Sofakissen aus dem genommen und stellte es auf den Boden. Jetzt würde es nicht mehr lange dauern bis zur letzten Zigarette, bis sie sich mühsam aufsetzen und einen Schluck Wasser trinken würde aus dem Glas mit ihren Lippen- und Fingerabdrücken, das schon den ganzen Tag auf dem Sofatisch stand. Dann würde sie die Stehlampe neben sich ausmachen, das Glas, die geleerte Packung Erfrischungsstäbchen mit dem abgelösten Zellophanpapier und die leere Zigarettenschachtel in die Hand nehmen, sich in einem Balanceakt vom Sofa erheben und das Wohnzimmer verlassen. In der Küche würde sie die Tabletten zum Einschlafen nehmen und noch einen Schluck Wasser trinken, Pillenschachteln, Volvic und Notizblock auf der Küchenplatte ein wenig zusammenschieben. Vom Flur aus würde sie mir »Gute Nacht, Spatz«, zurufen, »schlaf gut, wenn es soweit ist« und ihre ausgebeulten Füße in den Stoppersocken über den Seidenstrumpfhosen würden über den abgelaufenen violetten Teppichboden ihren Weg ins Badezimmer finden. Dort würde sie das Wasser für eine Wärmflasche heiß laufen lassen, unterdessen ihre Kleider ausziehen, die Strickjacke über den mit rosa Frottee bezogenen Schemel legen, den Rock an den Bügel hinter der Tür hängen, Socken und Seidenstrumpfhosen auf den Schemel, Unterhose und Leibchen in den neben den Handtüchern hängenden Wäschesack, ebenfalls aus rosa Frottee.

Sie würde ihre Brille ablegen, sich den Mund mit der Lösung für dritte Zähne spülen, ihre Estée Lauder-Nachtcreme auftragen, mit faltigen Fingerkuppen über die pergamentene Haut ihres Gesichts streichen und dabei jeden Blick in den Spiegel vermeiden, der ihr ohnehin nur noch ein verschwommenes Bild ihrer selbst zurückwarf.

Mit der gefüllten Wärmflasche im Arm würde sie nackt aus dem Bad über den Flur in ihr Schlafzimmer treten, das im Winter eiskalt, jetzt im Sommer frisch war, und würde zwischen die steifen Leintücher gleiten, die Wärmflasche mit den Füßen nach unten schubsend. Über ihrem Nachttisch hing ein Marienmedaillon, das ihr der Museumsdirektor geschenkt hatte, der zweite und letzte Mann, mit dem sie jemals ein Schlafzimmer geteilt hatte, wenn auch mit jenem letzteren nur das Schlafzimmer (vermutlich, gelegentlich) und nie die Wohnung; dafür sei er zu unordentlich gewesen.

Wir hatten diesen auf Fotos immer ernsten, massiven, grauhaarigen Mann mehr gesehen als unseren Großvater, wir waren mit ihm Enten füttern im Englischen Garten und Pony reiten im Zoo.

Bis er starb, sind sie fast zehn Jahre lang im September in die Toskana gefahren. Erst zwei Wochen nach Forte dei Marmi ans Meer, dann zwei Wochen nach Florenz, wo Haro, der Spezialist für Bronze war, Kollegen traf und Recherchen für ein Buch über Bronzemedaillen in der Renaissance machte, das er nie schreiben würde.

Zu einem ersten Buch, das er einige Jahre zuvor veröffentlich hatte, habe seine verstorbene Frau ihn geprügelt, sagte er meiner Großmutter. Er brauche jemandem, der ihn zur Disziplin zwinge, die ihm selbst abgehe.

»Da musst du dir jemanden anderen suchen«, sagte meine Großmutter. »Wenn du dein Buch schreiben willst, dann schreib es. Wenn nicht, dann eben nicht.«

Der Museumsdirektor hatte in einer Wohnzimmerkommode eine Schublade voller Fotos. Als er Giselas nach Jahren geordnete und beschriftete Alben sah, fragte er sie, ob sie seine Fotografien nicht auch in Alben kleben könne. Gisela weigerte sich rundweg, Hand an den Wust aus glänzenden, ermatteten oder vergilbten Gesichtern zu legen. »Und das bei einem Kunsthistoriker«, sagte sie später einmal zu mir, »man möcht es doch nicht glauben«.

Bei meiner Großmutter hatte alles seine Ordnung. Die Fotos in ihren Alben oder in den Rahmen auf Fenstersims, Bücherregal und dem Tisch in ihrem Schlafzimmer, auf dem alle Enkel versammelt waren. Es kam bisweilen einer hinzu, jeder hatte seinen festen Platz. Wie die Wäsche im Einbauschrank des Schlafzimmers, gemangelte Laken und Betttücher, im obersten Regal akkurat gestapelt, über den gebügelten und einmal gefalteten Strickjacken und den darunter in Abständen hängenden Röcken. Die Bücher in dem zierlichen Regal, die sie schon lang nicht mehr in der Hand gehabt hatte, deren Standorte sie jedoch genau kannte. Die Goethe-Gesamtausgabe auf Altdeutsch in Leder gebunden, darunter Schiller, Fontane, Stefan Zweig, Thomas Mann. Die Fernbedienung gehörte abends auf das Beistelltischchen, neben den Schreibblock mit Deckblatt aus Florentiner Papier, auf den nie etwas geschrieben wurde, weil er dafür zu schade war. Auch einfache Zettel von dicken, bunten Blocks wurden beidseitig beschriftet von der zierlichen Handschrift meiner Großmutter, die einmal so gestochen war und nun mit den Jahren zittrig wurde. Giselas Handschrift war ebenfalls ein Grund für den Juniorverleger gewesen, sich in sie zu verlieben. Auf ihre Sicherheit beim Kommasetzen sei er stolz gewesen. Mit dieser gleichmäßigen Schrift waren die Haushaltsbücher gefüllt gewesen, die sie dem Scheidungsanwalt vorlegte, als die

Unterhaltszahlungen festgelegt werden sollten. Zweiundzwanzig Haushaltsbücher, für jedes Jahr eines, seit dem Krieg. »Alles schwarz auf weiß, so konnte gar nichts in Frage gestellt werden.« Und von allen sechs Posten in der Haushaltsliste, zwei Erwachsene und vier Kinder, blieb ihrer allein stehen und wurde von nun an auf ein Konto überwiesen von einem Mann, den sie nach dem Scheidungstermin nur noch bei den Hochzeiten ihrer vier Kinder sah.

Viele Jahre lang hatte meine Großmutter Migräneanfälle. Mit geschlossenen Augen lag sie in einem dunklen Zimmer und ließ die Stunden verstreichen. Zur Vorbeugung legte sie Patiencen in dem Haus in der Gabriel Marx Straße in Harlaching, oder auf der Eck, dem Zufluchtsort.

Die Kinder waren so gut wie aus dem Haus, und der Vater, der für uns der Großpapa sein würde, beinahe auch. Seine Abwesenheiten wurden immer länger, bis er eines Morgens verschwunden war aus dem Hotel in Sylt, in dem sie die letzten zwanzig Sommer verbracht hatten. Eine Lücke auf dem Parkplatz, wo der VW-Käfer gestanden hatte. Die beiden älteren Söhne waren schon nicht mehr mit in die Ferien gefahren, der jüngere und die Tochter wurden zu einer Krisensitzung einberufen. Lange her die Sommer, in denen sie in eben diesem Speisesaal regelmäßig die Kakaokanne umgeworfen hatten, wenn sie sonntags aus dem Kinderheim kamen, um Kuchen mit den Eltern zu essen. Inzwischen hatten sie ihre sommerliche Clique auf der Insel. Die Eltern hatten sie von klein auf zur Eigenständigkeit erzogen. Gefühle wurden in der Familie nicht weiter thematisiert, und daran änderte sich auch nach diesem Vorfall nichts. Sohn und Tochter tranken Kakao *for good old times sake*, übergingen mit Scherzen den versteinerten Gesichtsausdruck ihrer Mutter und die Gesprächspausen. Nach einer Stunde standen sie auf, die Tochter hakte die Mutter zu einem Spaziergang über die Heide unter.

Es war noch nichts verloren, bis jetzt war er immer wiedergekommen. Es hatte ihm den Kopf verdreht, man hatte ihm den Kopf verdreht, weiter ins Detail wurde nicht gegangen. Eine junge Person, man wusste natürlich, worauf es so jemand abgesehen hat.

Er kam nicht wieder.

In Giselas Schrank hingen die Kostüme, die sie sich bei Rena Lange Kostüme hatte schneidern lassen, die sie bei Verlegerkongressen getragen hatte, bei den Salzburger Festspielen, in Wien und Rom.

An ihrem 50. Geburtstag lag meine Großmutter mit Migräne oben in ihrem Schlafzimmer im Dunkeln, unten bereitete ihre Tochter eine Überraschungsfeier vor. Ein großes Buffet, in einem selbst gebackenen Lebkuchenzug präsentiert. Gisela sackte das Herz in die Knie, als sie am frühen Abend endlich dazu bewegt werden konnte, ihr Zimmer zu verlassen, und am Fuß der Treppe ein Chor von Gratulanten sie erwartete. Morgens hatte der Vater, ihr nunmehr beinahe Ex-Mann, einen Strauß mit fünfzig roten Rosen geschickt. Sie hatte ihre Tochter beauftragt, ihn nach draußen zur Mülltonne zu bringen.

Kurz nach der offiziellen Scheidung meiner Großeltern heirateten meine Eltern. Im Schnelldurchlauf, damit meine Großeltern mütterlicherseits sich nicht länger als nötig gemeinsam in dem gemieteten Saal im Bayrischen Hof aufhalten mussten. Meine Mutter sah hinreißend aus in ihrem weißen Kleid aus durchbrochener Spitze, mit den kleinen weißen Schmetterlingen im dunklen Haar, alle sagen es, und auf den Fotos ist es zu sehen, mein unglaublich junger lachender Vater dazu, aber es muss sie alle traumatisiert haben, diese gletscherartige Atmosphäre zwischen meinen Großeltern, die ihre Hochzeit zu ein paar schwarzweiß-Aufnahmen erstarren ließ.

Dass Taufen, Hochzeiten und Todesanzeigen dem Leben seinen Rhythmus gaben, war ihr selbstverständlich. Wenn sich mein Widerspruchsgeist regte, wie sie sagte, fing ich an, mit ihr darüber zu diskutieren. Über die Hochzeit der Kronprinzessin von Bulgarien. Den Geburtstagsempfang einer bayrischen Baronin in ihrem Haus in Kitzbühel. Alle zwei Wochen kaufte meine Großmutter sich ein »Käsblatt«, in dem bunte Fotos sie über die gesellschaftlichen Highlights des Moments informierten. Nach dem Einkaufen legte sie sich aufs Sofa und blätterte eine Stunde lang die Illustrierte mit der Lupe durch. Dann kam sie auf das Tischchen neben der Biedermeierbank mit beigem Lederbezug im Eingang, um an die Apothekerin weitergegeben zu werden, die im Nachbarhaus wohnte und meine Großmutter mit den immer zahlreicheren Medikamenten versorgte. Die Medikamente hasste meine Großmutter aus tiefster Seele, schon Wasser allein zu trinken, fiel ihr schwer, doch damit eine mit weißen Kügelchen gefüllte Kapsel zu schlucken, war ihr ein Graus. Wie ein verzogenes Kind übersah sie die Plastikdose mit Schiebedeckel, das einmal in der Woche eine Tante oder ein Onkel oder ich mit Tabletten füllte, morgens mittags abends. Und ließ sich nur widerwillig dazu herab, schluckweise das Wasser aus dem Glas zu trinken, das neben ihr auf dem Sofatisch stand, am Ende des Tages fleckig von ihren Mundabdrücken.

Sie verstand nicht, warum ich nicht auch Buch über meine Ausgaben führte. Einmal schenkte sie mir eines der linierten Bücher mit rot umrandetem Etikett auf verstärktem Einband, um mich zu ermuntern. »Dann wüsstest du genau, wie viel Geld du ausgibst und wie viel du brauchst.« »Ich will es aber nicht wissen, Ama.« »Was bist du doch für ein Dickkopf. Schon als Kind warst du ein Dickkopf. Ich weiß noch, wie du bei einem Geburtstag deiner Mutter auf der Türschwelle zum Wohnzimmer eingeschlafen bist, weil du partout nicht im Bett bleiben wolltest.« Ich habe nie begriffen, warum bestimmte Situationen, aus irgendeinem Grund in die Erinnerung eingegraben, alle anderen Verhaltensweisen rechtfertigen sollten.

Mit einem Griff konnte meine Großmutter alle Postkarten hervorholen, die ihr Tochter, Schwiegertöchter, Enkel und Enkelinnen geschrieben hatten, jeder hatte seinen Umschlag in der untersten Schublade des Sekretärs im Esszimmer, das etwa drei- bis viermal im Jahr als Esszimmer benützt wurde. Die weiße Verbindungstür zum Wohnzimmer war tagsüber zugezogen, um die Wärme zu halten. Wenn sie abends ins Bett ging, schob meine Großmutter sie auf. Im Sommer stand sie auch tagsüber offen. Im Sommer fiel die Spätnachmittagssonne auf den polierten Esstisch, und die Rollläden mussten heruntergelassen werden, wie auch im Wohnzimmer, dort manchmal bereits nach dem frühmorgendlichen Durchzug für den Rest des Tages. Als sie sich die Zeit nicht mehr mit Stricken vertreiben konnte, weil die Augen zu schlecht wurden, ging sie zu Kreuzworträtseln über, und als auch das nicht mehr ging, war es vor allem das Telefonieren, das den Tag verkürzte, mit den Kindern, mit Tante Betsy in Wien, mit ganz alten Freunden von früher gelegentlich.

In einer anderen Mappe fand ich sehr viel später einen ihrer ersten Briefe an den Museumsdirektor, damals noch in spe:

Lieber Haro. Ihr so ganz unerwartet lieber Brief kam gerade zu einer Zeit, in der ich schon damit beschäftigt war (und noch bin) mit dem sogenannten Inselkoller fertig zu werden. Das ist ein Zustand, in dem man das große Heulen kriegen kann oder noch Schlimmeres.

Drei Wochen lang war ich glücklich, ganz eingebaut in die Gewohnheiten und Gegebenheiten der Insel, wie auch das Wetter jeweils war. Die Zeit verging, nicht zu schnell + auch nicht zu langsam, der Abstand zu den Dingen die mich bewegen wurde größer, und die Erholung sichtbar. Mit Beginn der letzten Woche, die ja immer wie im Flug vergeht, kamen die Gedanken. Ich muss vom Paradies (wenn auch nur Ferienparadies) Abschied nehmen und was wird der Alltag bringen? Ich gebe es ganz ehrlich zu, ich habe Angst davor, nach Hause zu fahren. Das Haus ist inzwischen um 100.000 weniger angeboten worden, ein Preis, der einen Verkauf möglich macht, und nun da es Ernst wird, merke ich, wie sehr ich daran hänge und wie schwer die Umstellung sein wird. Jedoch was hilft's, ich muss da durch. Eines ist mir ein Trost, ich weiß, dass meine Angst vor einer Sache immer am Größten ist; bin ich mitten drin, bin ich ganz tapfer und stehe auch meinen ,Mann'.

Und wie gesagt, in diese Stimmung hinein war mir Ihr sich melden Trost und Gewinn. Es ist sehr schade, dass unsere Ferientermine sich überschneiden, ich hätte Sie sonst ganz bestimmt angerufen in Pöcking, aber ich bin frühestens am 8. Sonntag Abend zu Hause, und da sind Sie schon auf dem Weg gen Süden.

Ganz ganz ehrlich gratuliere ich Ihnen zum Sprung in die Höhe (natürlich ist Diskretion Ehrensache), ich glaube ich kann erfühlen, was diese Übernahme für Sie bedeutet, wie wichtig es für Sie ist – ich meine nicht wegen der Ehre oder so –; Ihre Arbeit fand Bestätigung, hat ihren Sinn und dieses Gefühl wird Sie tragen und Ihrem Leben die Abrundung geben, auch wenn viel Arbeit, Mühe, Verwaltungskram und Repräsentation damit verbunden sind. Ich wünsche Ihnen nur, dass Sie sich davon nicht auffressen lassen und immer noch genügend Raum bleibt für das eigene innere Wesen (durchgestrichen ist zu lesen: Mann und Frau sind ja da in ihren Ansichten recht verschieden, für den Mann ist der Beruf alles, während für eine Frau ‚das Leben' das Wichtigste erscheint.) Genießen Sie Ihre Ferien, sammeln Sie ganz viele Kräfte für die kommenden Arbeits- und Umstellungswochen, tanken Sie Sonne, gönnen Sie den verspannten Halswirbeln viel Bewegung im Wasser, vergessen Sie beim Lesen nicht auch mal die ziehenden Wolken anzuschauen und zuzuhören was der Wind für ein Lied singt.

* * *

Es war eine seltsame Sache mit dem Tod: alle sahen ihn nahen, sorgten sich, und man selbst ging einsamer denn je auf ihn zu. Wer fühlte sich schon imstande, ein Gespräch über den Tod zu führen? Diejenigen vielleicht, die sich wie sie der Schranke des Lebens näherten. Aber wie viele gab es da schon, die noch ihren klaren Verstand behielten (wenn sie den je gehabt hatten) und sich nicht mit entliehenen Trostsprüchen begnügten. Ihre Freundin Erika, die ihr Leben lang Fix und Foxi ins Deutsche übersetzt hatte, jahrelang blind mit einer Hilfe in ihrem Haus gelebt und Sprechblasen diktiert hatte, war nie dem Selbstmitleid verfallen und hatte immer noch die scharfsinnigsten Kontras gegeben. Aber die war nun auch nicht mehr. Und Lissi, die letzte Getreue in der Nähe, hatte sich den Schenkelhals gebrochen, diese gefürchtete Fraktur. Sie war seitdem erst einmal bei ihr gewesen, genug, um zu sehen, wie das erschöpfte Alter sich auf ihr gerade noch so heiteres Gesicht gesenkt hatte.

Aber Lissi gehörte wenigstens immer noch zu denen, die furchtlos die Toten erwähnten. Ernst Fritz, der sich leise verabschiedet hatte, kaum hatte er die Schwelle des Alters überschritten. Immer erinnerte sich Gisela an die Tränen in seinen Augen, als die Schauspieler am Ende von Anne Frank in der bleiernen Stille des Schauspielhauses zum Vorbeugen auf die Bühne kamen. Klatschen wäre zu frivol gewesen und so saßen sie alle da wie versteinert und fühlten das Schweigen zwischen sich. Der ergreifendste und schrecklichste Theaterabend unter allen, die sie besucht hatte. Ohne das Klatschen würde der Bann nicht gelöst, hatte Ernst Fritz später gesagt, man könne seiner Rolle nicht entsteigen.

**

Die Morgensonne brannte mir auf den Rücken. »Lass die Rollläden herunter, Spatz. Es blendet.« Ich kurbelte an der schmutzweißen Rolle, hinter mir ratterte es herunter. »So ist gut.« Den ganzen Tag würden die Rollläden dem Licht Einhalt gebieten und wir würden durch die Wohnung wandeln wie zwei Sommerphantome.
Meine Großmutter war ins Wohnzimmer gegangen, um auf dem Sofa liegend ihre erste Zigarette des Tages zu rauchen. Die eiserne Regel war: Nie vor dem Frühstück. Es gab Nächte, deren Tagesanbrüche sich so hinzogen, dass sie am liebsten um fünf Uhr morgens gefrühstückt hätte, um eine Zigarette rauchen zu dürfen. Aber bis sieben hielt sie durch. Und manchmal schlief sie genau dann nochmal ein, wenn sie hätte aufstehen dürfen.

**

Gisela saß auf ihrem Sofa und schaute aus dem Fenster. Auf ihre Berge, über ihre Dächer. Sie wohnte in dieser Wohnung länger, als sie irgendwo gewohnt hatte. Länger, als es mich gab. Mein Großvater hatte sie verlassen, bevor es mich gab. Sie hatte meine Eltern sich heiraten und sich trennen sehen. Der Museumsdirektor war an einem warmen Septembertag gestorben. Die ganze Innenstadt war wegen des Oktoberfestumzugs gesperrt gewesen. Nur mit Mühe gelangte meine Großmutter an seinem letzten Tag ins Krankenhaus. Kurz darauf heiratete ihr jüngster Sohn zum zweiten Mal, doch bei dieser Hochzeit war sie nicht dabei.

Meine Großmutter war mit dem Museumsdirektor auch einmal in Sankt Petersburg gewesen. Leningrad hieß es da längst. Der Museumsdirektor war eingeladen worden, eine Bronzeskulptur zu schätzen.
Am schlimmsten sei es mit der Schrift gewesen, sagte meine Großmutter, man habe ja nicht einmal gewusst, ob man gerade in die Damen- oder die Herrentoilette gehe.
Man hatte ihnen gesagt, sie sollten Seidenstrümpfe und Schokolade mitnehmen. Gisela hatte einen ganzen Packen Seidenstrümpfe im

Koffer und traute sich nicht, sie weiterzugeben. Zwei Paar trug sie ständig in der Handtasche herum, doch nie ergab sich eine Gelegenheit. Als sie am letzten Tag die ganze Sammlung Seidenstrümpfe dem Zimmermädchen vermachte, schaute dieses sie verblüfft an und lief dann rasch hinaus, das gewichtlose Knäuel mit einem Anlüpfen ihres Kittels unter diesem verbergend. Die Schokolade hatte der Sohn des dortigen Museumsdirektors noch während des Abendessens in dessen Haus verzehrt. Gisela fragte ihn zum Scherz, ob er ihr nicht etwas abgeben wolle. Er sah sie entgeistert an.

* * *

Doch was blieb war der Spätsommer in Florenz. Jedes Jahr quartierten sie sich in der Pension der Baronin von Münchhausen in den Hügeln von Fiesole ein. Die Feigen waren um diese Zeit reif, und für meine Großmutter war Florenz die an einem Tisch im Garten sitzende, Feigen schälende Baronin, an deren Armen der Fruchtsaft herablief. Nie in ihrem Leben habe sie etwas Köstlicheres gegessen, sagte sie, als die von der Baronin selbstgemachte Feigenmarmelade.

Am 22.12.2017 wäre Gisela Urban, geb. Graf, unsere geliebte Mutter, Großmutter und Urgroßmutter 100 Jahre alt geworden. Sie hat uns allen viel mit auf den Weg gegeben.

In Gedenken an Michael, und mit Dank an Dorothea, Andreas und Christoph, Ulrike, Marie-Henriette und Moni, meinen Bruder und meine Cousins und Cousinen, von München und Bonn über Wien und Zürich bis London und an all den Orten, die immer auch ein Stückchen Familie in sich bergen, weil wir alle irgendwoher kommen und irgendwohin gehen, unser Wesen aber von den unsichtbaren Orten geprägt wird, die in uns entstanden, ehe wir dessen gewahr wurden, von den Personen, die uns in Erzählungen und Begegnungen begleiteten, während wir anfingen, uns unsere eigenen Welten zu schaffen. Welten, die uns entsprechen, in denen aber immer wieder auch all die Menschen wiederauferstehen, deren Bilder wir in uns tragen. Ein Schamane macht keinen Unterschied zwischen Vorstellung und Wirklichkeit, und so gesehen sind sie alle immer da, Tante Betsy und Onkel Ernst und Johannes, unser Großvater, viele andere und eben auch Ama, die in uns allen weiterlebt. Der Tod ist nur ein Übergang.

Zeitfracht Medien GmbH
Ferdinand-Jühlke-Straße 7
99095 Erfurt, Deutschland
produktsicherheit@kolibri360.de